Paulus

John Drane

Brunnen Verlag

ABCteam-Bücher erscheinen in folgenden Verlagen:
Aussaat- und Schriftenmissions-Verlag Neukirchen-Vluyn
R. Brockhaus Verlag Wuppertal
Brunnen Verlag Gießen
Bundes Verlag Witten
Christliches Verlagshaus Stuttgart
Oncken Verlag Wuppertal

CIP-Kurztitelaufnahme der Deutschen Bibliothek

Drane, John:
Paulus: [d. Leben u.d. Briefe d. Apostels] / John Drane. [Aus
d. Engl. übers. von Brigitta Müller-Osenberg]. – 3. Aufl. –
Giessen: Brunnen-Verlag, 1984.
  Einheitssacht.: Paul (dt.)
  ISBN 3-7655-2506-5

Originaltitel: „Paul"
© 1976 by Lion Publishing, Berkhamsted
Aus dem Englischen übersetzt von
Brigitta Müller-Osenberg

3. Auflage 1984

Umschlagfotos: David Alexander und Wilfried Jerke
Fotonachweis:
David Alexander: S. 1, 20, 28, 34, 41, 45, 49, 58, 61, 62, 67, 69, 75,
76, 77, 79, 85, 90, 99, 101, 102, 105, 109, 113, 117, 120.
Jörg Zink: S. 13, 29, 33, 43, 46, 65, 81.
Die übrigen Fotos: Brunnen Archiv.

© der deutschen Ausgabe
1978 by Brunnen Verlag Gießen
Satz: IBV Lichtsatz KG, Berlin
Druck und Bindearbeiten: Biblia-Druck, Stuttgart
ISBN 3-7655-2506-5

Inhalt

1. Wer war Paulus?

Paulus – seine Kindheit 12
Die Studienzeit des Paulus 14
Paulus und die jüdische Tradition 15
Paulus und die Philosophen 19
Paulus und die Mysterienreligionen 21

2. Paulus, der Verfolger

Verfolgung 25
Paulus begegnet Christus 26
Die verschiedenen Berichte über die Bekehrung
des Paulus 26
Paulus in Damaskus 29
Zurück in Jerusalem 31
Paulus arbeitet in Antiochia 32
Wer waren die Propheten? 32
Paulus und die Judenchristen 34
Was geschah nach der Bekehrung des Paulus? 35

3. Paulus widersetzt sich den Gesetzestreuen

Zypern 40
Die ersten heidenchristlichen Gemeinden 41
Juden und Heiden 42
Die Briefe des Paulus 44
Paulus schreibt an die Gemeinden in Galatien 44
Wer waren die Galater? 46
Der Galaterbrief 48
Das Apostelkonzil 54
Warum akzeptierte Paulus das Dekret des Konzils? 55

4. Paulus als Missionar

Wieder in Galatien 58
Weiter nach Europa 59
Philippi 59
Paulus im Gefängnis 60
In Athen 61
Korinth 64
Paulus und Gallio 66
Paulus schreibt an die Gemeinde von
Thessalonich 66
Der erste Brief an die Thessalonicher 67
Der zweite Brief an die Thessalonicher 70

5. Paulus als Seelsorger

Ephesus 74
Die Auswirkungen des Evangeliums 76
Wieder im Gefängnis? 77
Paulus als Autor 78
Paulus und die Gemeinde von Korinth 78
Der erste Brief an die Korinther 80
Was Paulus in seinem Brief an die Korinther über
die Frauen sagt 89
Das Ziel des Paulus 92
Der Römerbrief 93

6. Paulus erreicht Rom

Die missionarische Strategie des Paulus 96
Paulus und sein eigenes Volk 96
Zurück in Jerusalem 97
„Ich bin allen alles geworden" 98
Gefangener in Jerusalem 98
Als Angeklagter vor Felix 99
Festus hört Paulus an 100
Bestimmungsort: Rom 101
Endlich in Rom 103
Wann starb Paulus? 104

7. Paulus im Gefängnis

Paulus schreibt an die Gemeinde von Kolossä 108
Der Brief an die Kolosser 110
Paulus schreibt an die Gemeinde von Ephesus 112
Der Epheserbrief 113
Paulus schreibt an die Gemeinde von Philippi 115
Wann und wo befand sich Paulus in Gefangen-
schaft? 116
Paulus und der auferstandene Christus 118
Hat Paulus die Pastoralbriefe geschrieben? 119

8. Ein Mensch „in Christus"

Wer war Paulus? 124
Die Bekehrung des Paulus 124
Paulus heute 125
Paulus – ein Mensch „in Christus" 126
Freiheit von Schuld 126
Gleichheit vor Gott 127
Achtung vor den anderen 127

Paulus –
Eine Dokumentation
mit Bildern

Das Leben und Wirken des Apostels sind für das Verständnis des christlichen Glaubens von entscheidender Bedeutung. Seine Schriften bilden einen großen Teil des Neuen Testaments, und durch seine Missionsreisen wurde der christliche Glaube über die Grenzen des jüdischen Volkes hinaus in die übrige Welt getragen.

Der vorliegende Bericht schildert die Stationen seines Lebens und Wirkens. Dabei wird auch jeder seiner Briefe behandelt. Fotografien, Landkarten und Tabellen lassen das erste Jahrhundert vor unseren Augen lebendig werden.

Durch Aktualität im Blick auf den gegenwärtigen Stand der Forschung, durch Treue zum historischen Detail und zum Text des Neuen Testaments sowie durch die fesselnde Darstellung wird dieses Buch nicht nur dem einzelnen Leser Anreiz und Information bieten, sondern auch für Studienzwecke geeignet sein.

Dr. Drane hat an der Universität von Manchester eine Forschungsarbeit über das Leben und Wirken des Apostels Paulus durchgeführt. Er ist heute Dozent für Theologie an der Universität von Stirling/England.

Paulus — sein Leben und seine Briefe

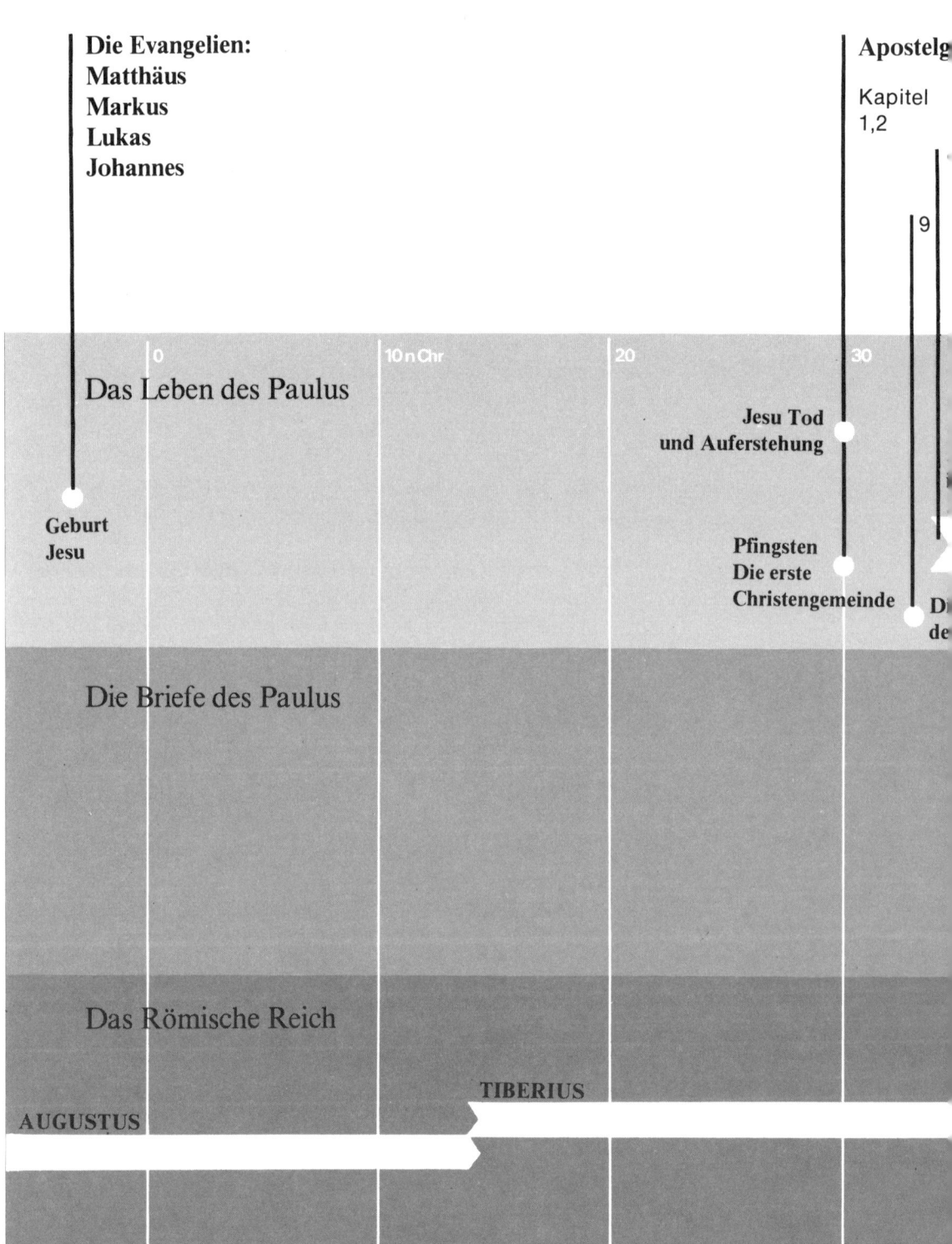

Die Evangelien:
Matthäus
Markus
Lukas
Johannes

Apostelg

Kapitel
1,2

9

0   10 n Chr   20   30

Das Leben des Paulus

Jesu Tod
und Auferstehung

Geburt
Jesu

Pfingsten
Die erste
Christengemeinde

D
de

Die Briefe des Paulus

Das Römische Reich

TIBERIUS

AUGUSTUS

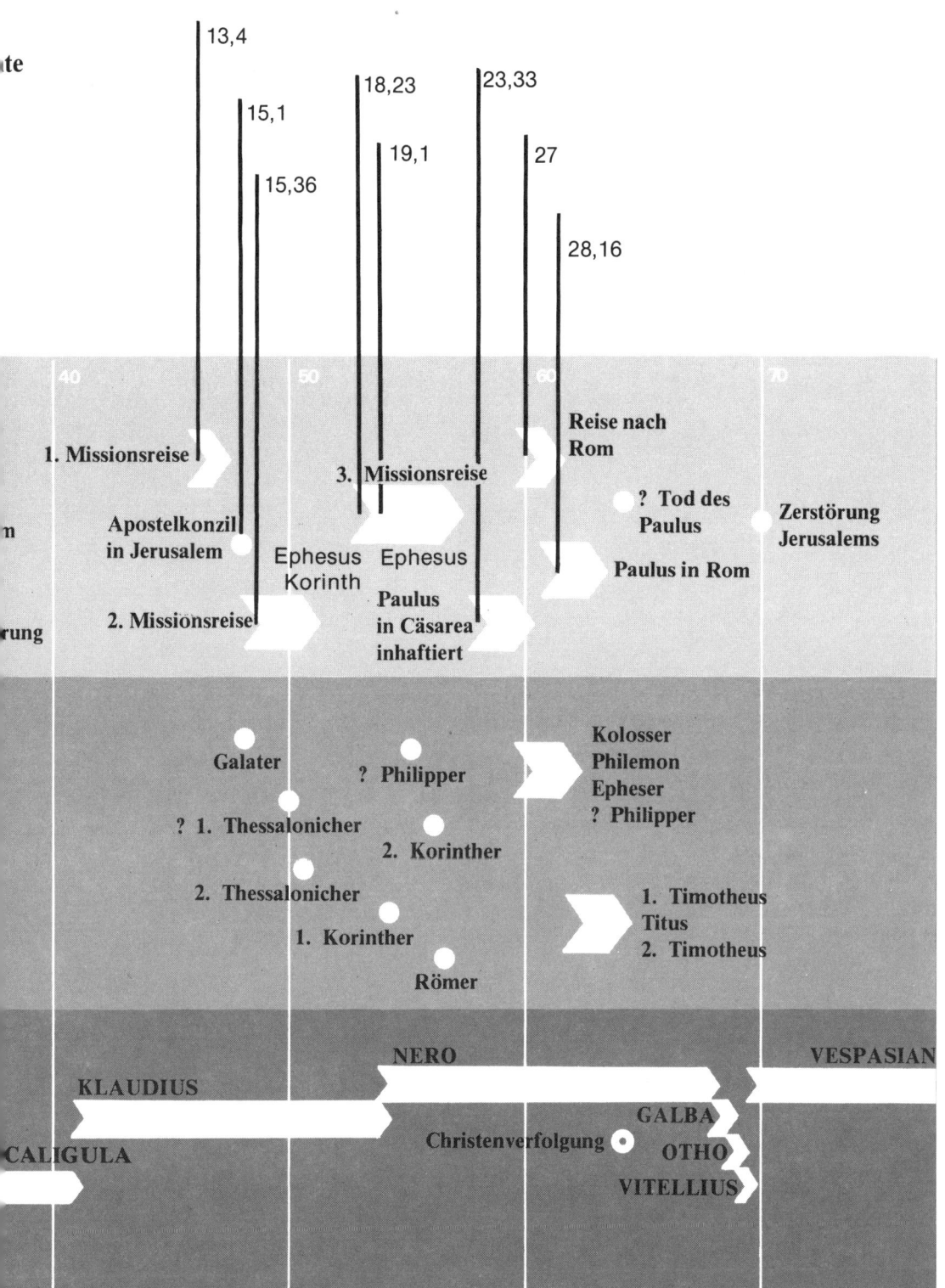

DIE REISEN DES
APOSTELS PAULUS

Maßstab 1 : 13 200 000

0   100   200
Kilometer

········ Erste Reise
——— Zweite Reise
- - - Dritte Reise
——— Reise nach Rom

E Schw F arzes G M e e r H

Sinope

S c h w

P o n t u s

Thrake

Bithynien

G a l a t i e n

A T I A

Armenien

Ancyra

Tavium

Mysien

Pessinus

Kappadozien

Adramyttion

Pergamon

Thyatira

Lydien

Phrygien

Lykaonien

Euphrat

Smyrna

Sardes

Philadelphia

Antiochien

Ikonion

Nikopolis

Ephesus

Hierapolis

Pisi-

Lystra

Tarsus

Laodicea

Kolossä

dien

Derbe

Cili-

Antiochien

Milet

Karien

Pamphylien

cien

Seleucia

Kos

Knidus

Lycien

Attalia

Perge

Patara

Myra

Rhodus

Phönizien

Palmyra

Salmone?

Salamis

Damaskus

Paphos

Cypern

Syrien

Sidon

2

3

4

5

Tyrus

See Genezareth

Ptolemais

Cäsarea

TISCHES MEER

Antipatris

Jerusalem

Totes Meer

Arabien

Alexandrien

Sais

Ägypten

Petra

Heliopolis

Nil

Memphis

E F G H

1. Wer war Paulus?

Paulus – seine Kindheit	12
Die Studienzeit des Paulus	14
Paulus und die jüdische Tradition	15
Paulus und die Philosophen	19
Paulus und die Mysterienreligionen	21

Ein Mann, „klein von Gestalt, mit kahlem Kopf und gekrümmten Beinen, kräftig, mit zusammengewachsenen Augenbrauen und etwas hervortretender Nase, voller Freundlichkeit; einmal schien er wie ein gewöhnlicher Mensch, dann wieder hatte er eines Engels Angesicht". So wird uns Paulus in dem apokryphen Schreiben „Die Taten des Paulus und der Thekla" aus dem zweiten Jahrhundert geschildert.

Für die Juden der griechischen Stadt Thessalonich war Paulus der Mann, der nicht nur „auf dem ganzen Erdkreis Unruhe erregte", sondern das gleiche auch in der hiesigen Synagoge zu tun versuchte.

Apg 17,6

Doch wir wollen hören, wie Paulus sich selbst beschrieben hat:

„Ich bin ein jüdischer Mann, geboren in Tarsus, in der römischen Provinz Zilizien, Bürger einer bekannten Stadt. Erzogen wurde ich mit aller Sorgfalt im jüdischen Gesetz. Ich hatte das außerordentliche Glück, in eine Familie hineingeboren zu werden, der das römische Bürgerrecht übertragen worden war. Auf dieses Privileg bin ich besonders stolz. Ich wurde unterwiesen in der Stadt Jerusalem, in der Schule des berühmten Lehrers Gamaliel, nach den Maßstäben der genauesten Auslegung des jüdischen Gesetzes, wie es von den Pharisäern festgelegt wurde. Ich bemühte mich so eifrig um die Überlieferungen meines Volkes, daß ich schon bald in der Treue zum Judentum meine Altersgenossen weit übertraf. Ich konnte sogar den Anspruch erheben, in meinem Gehorsam gegenüber dem Gesetz des Alten Testaments vorbildlich gewesen zu sein."

Apg 21,39; 22,3; 22,28; Gal 1,13–14; Phil 3,5–6

Paulus – seine Kindheit

Die ersten Lebensabschnitte des Paulus können aufgeteilt werden in seine Kindheit, die er in Tarsus verbrachte, seine Jugend und die frühen Mannesjahre, die er in Jerusalem verlebte. Das Wort „aufgezogen" in Apg 22,3 könnte darauf hinweisen, daß Paulus schon als Säugling von Tarsus nach Jerusalem übersiedelte. Doch vermutlich nimmt er damit lediglich auf seine Ausbildung Bezug. Dies ist auch deshalb wahrscheinlich, weil Paulus nach Tarsus zurückkehrte, als er Christ geworden war.

Apg 9,30

Paulus war vor allem Jude, und er war stolz darauf; ebenso auf Tarsus, das als Handels- und Regierungszentrum und als Universitätsstadt einen Namen hatte. Der griechischen Kultur dieser Stadt brachte er jedoch nur wenig Interesse entgegen. Seine Eltern waren gesetzestreue Juden und gleichzeitig

Paulus stammte aus Tarsus, der Hauptstadt der römischen Provinz Cilicien. Kultur, Wissenschaft und Religionen des Vorderen Orients und Griechenlands begegneten sich in dieser „namhaften Stadt" (Apg 21,39). Eine Straßenszene aus dem heutigen Tarsus.

römische Bürger. Sie bemühten sich zwar, Paulus von den heidnischen Einflüßen einer Stadt wie Tarsus abzuschirmen, aber ein aufgewecktes Kind wie er mußte in dieser Umgebung neben der griechischen Sprache unweigerlich auch etwas vom Gedankengut der heidnischen Kultur mitbekommen. Der allgemeine Einfluß dieser Stadt auf Paulus erklärt wohl hinlänglich die beiden Hinweise auf die griechische Literatur, die wir in seinen Briefen und Predigten finden: einen Hinweis auf den Dichter Epimenides und einen auf Aratus.

Apg 17,28; Tit 1,12

Schon sehr früh beschlossen die Eltern des Paulus, daß er Schüler und später Lehrer des jüdischen Gesetzes werden solle. Als Kind lernte er in Tarsus bereits die Überlieferungen

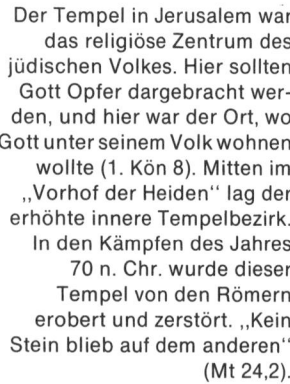

Der Tempel in Jerusalem war das religiöse Zentrum des jüdischen Volkes. Hier sollten Gott Opfer dargebracht werden, und hier war der Ort, wo Gott unter seinem Volk wohnen wollte (1. Kön 8). Mitten im „Vorhof der Heiden" lag der erhöhte innere Tempelbezirk. In den Kämpfen des Jahres 70 n. Chr. wurde dieser Tempel von den Römern erobert und zerstört. „Kein Stein blieb auf dem anderen" (Mt 24,2).

des jüdischen Volkes durch den regelmäßigen Unterricht in der örtlichen Synagoge kennen. Seine erste Bibel war vermutlich die griechische Ausgabe des Alten Testaments, die Septuaginta. Ungefähr 150 Jahre vor Christus hatten jüdische Schriftgelehrte in Alexandria (Ägypten) das Alte Testament aus dem Hebräischen übersetzt. Häufig wird diese Übersetzung nur mit den römischen Ziffern für „siebzig" (LXX) bezeichnet, da nach einer Überlieferung siebzig Übersetzer daran beteiligt gewesen sein sollen. Die Mehrheit der außerhalb Palästinas lebenden Juden zog diese Ausgabe den älteren hebräischen Texten vor.

Während dieser Jahre in Tarsus erlernte Paulus auch das Handwerk des Zeltmachers; denn von jedem Schüler des jüdischen Gesetzes wurde erwartet, daß er neben seinem Studium auch ein praktisches Handwerk erlernte. Dieses erwies sich im späteren Leben des Paulus als sehr nützlich, da er dadurch während seiner missionarischen Tätigkeit finanziell unabhängig blieb.

Die Studienzeit des Paulus

Mark 10,1–12

Paulus kam sehr bald in das Zentrum der jüdischen Welt: nach Jerusalem. Dort wurde er Schüler des gelehrten Rabbi

Gamaliel, eines Enkels und Nachfolgers des berühmten Rabbi Hillel (ungefähr 60–20 v. Chr.). Hillel hatte im Vergleich zu seinem Rivalen Schammai eine fortschrittlichere und freiere Form des Judentums gelehrt. Möglicherweise waren es die Streitigkeiten zwischen den Anhängern dieser beiden Rabbinen, die Jesus zu seiner Äußerung über die Scheidung veranlaßten. Hillel hatte nämlich behauptet, ein Mann könne sich schon dann von seiner Frau scheiden lassen, wenn sie ihm aus irgendeinem Grunde mißfiel – und sei es nur wegen eines angebrannten Essens! Schammai hingegen war der Meinung, eine Scheidung sei nur dann gerechtfertigt, wenn eine schwere moralische Verfehlung vorläge. Die späteren Äußerungen des Paulus zu diesem Thema zeigen, daß er die Meinung seines theologischen Lehrers in dieser Sache verworfen hatte (nachdem er Christ geworden war?).

Siehe 1. Kor 7,10–11

Dennoch zog Paulus mindestens einen großen Nutzen aus seiner Ausbildung in der Tradition Hillels. Schammai hatte sich strikt geweigert, im Auftrag Gottes irgendwelche Städte und Orte der Heiden aufzusuchen. Sein Rivale hingegen hatte die Heiden nicht nur willkommen geheißen, er hatte sich sogar aufgemacht, um sie zu missionieren. Ohne Zweifel war es Gamaliel, durch den Paulus zum erstenmal erfuhr, welch große Arbeit es unter den Nichtjuden des Römischen Reiches zu tun gab.

Apg 26,10

Paulus machte in seinem Studium in Jerusalem so große Fortschritte, daß seine Meinung schon bald etwas galt. Auch er gab seine „Stimme dazu", wenn es darum ging, Christen wegen ihres Glaubens zu bestrafen; gleichgültig, ob das Urteil vor der Synagogengemeinde oder vor dem obersten Gerichtshof der Juden, dem Sanhedrin, gesprochen wurde.

Soviel von dem, was wir über die Herkunft und Ausbildung des Paulus wissen. Wir haben in kurzen Zügen die Hauptereignisse seines Lebens bis kurz vor seiner Bekehrung aufgezeigt. Nun müssen wir etwas tiefer graben, um zu sehen, ob wir irgend etwas in seinem Leben entdecken können, das uns hilft, seine vielseitige Persönlichkeit und die schwer verständlichen Passagen seiner Briefe zu verstehen.

Das Denken des jungen Paulus wurde in besonderem Maße von drei Geistesströmungen beeinflußt: dem Judentum, der griechischen Philosophie und den Mysterienreligionen.

Paulus und die jüdische Tradition

Paulus selbst sprach nie über griechische oder heidnische Einflüsse in seinem Leben, aber umso mehr über seine jüdische Herkunft und Erziehung. Er legte großen Wert auf seine Vergangenheit als eifriger Pharisäer. Aus den Briefen, die er als Christ schrieb, geht deutlich hervor, daß er die besten Glaubensgrundsätze seiner alten Lehrer beibehielt. Zu den größten Gegnern der Pharisäer gehörte die Gruppe der Sadduzäer. Pharisäer und Sadduzäer bildeten den konservativen bzw. liberalen Flügel des Judentums. Paulus ergreift im Streitgespräch zwischen den beiden Gruppen immer wieder Partei für die Pharisäer und verstärkt häufig noch ihre Argumente.

● Die Pharisäer glaubten, daß die Geschichte einen Sinn und ein Ziel habe. Ihr Ablauf, so meinten sie, sei durch den Plan Gottes festgelegt, der seinen Höhepunkt in der Ankunft des Messias, des Führers seines Volkes, finden würde. Als Christ konnte Paulus das ohne weiteres akzeptieren. In Römer 9–11 vertritt er die Auffassung, Gott ordne den Lauf der Geschichte mit dem Ziel, die Juden schließlich in die Gemeinschaft der Christen einzugliedern. Paulus argumentierte an dieser Stelle wie ein guter Pharisäer – obwohl er einen Schritt weiterging, denn er wußte, daß der Messias bereits angekommen war in der Person Jesu Christi.

● Die Pharisäer glaubten an ein zukünftiges Leben. Paulus legte ebenfalls Wert auf diesen Glauben. Als er vor dem Sanhedrin und später vor Herodes Agrippa II angeklagt wurde, führt er zur Rechtfertigung ins Feld: ,,Und nun stehe ich hier und werde angeklagt wegen der Hoffnung auf die Verheißung, die unseren Vätern von Gott gegeben worden ist... Wegen dieser Hoffnung werde ich, o König, von den Juden beschuldigt. Warum wird das bei euch für unglaublich gehalten, daß Gott Tote auferweckt?"

Als Christ ging Paulus jedoch noch weiter: Unabhängig von der Auferstehung Christi von den Toten gibt es überhaupt keine Auferstehung. ,,Wenn aber von Christus verkündigt wird, daß er von den Toten auferstanden ist, wie sagen dann einige unter euch: Es gibt keine Auferstehung der Toten?... Nun aber ist Christus von den Toten auferstanden als Erstling derer, die entschlafen sind. Denn wie sie in Adam alle sterben, so werden sie in Christus alle lebendig gemacht werden."

● Die Pharisäer glaubten im Gegensatz zu den Sadduzäern an Engel und Dämonen. Der Christ Paulus ist derselben Meinung, aber im Licht seiner Erfahrungen mit Christus formuliert er: Am Kreuz hat Christus die Mächte des Bösen überwunden. Dadurch gilt für die Christen: ,,In dem allem überwinden wir weit durch den, der uns geliebt hat." Kein Engel kann sich je dem auferstandenen Herrn gleichstellen, ,,denn es hat Gott gefallen, mit seiner ganzen Fülle in ihm (Christus) zu wohnen".

Paulus zeigte aber nicht nur durch Beibehaltung gewisser

Apg 23,6–10

Apg 26,6–8

1. Kor 15,12 u. 20–21

Röm 8,37

Kol 1,19

Der orthodoxe Jude legt zum Gebet einen Gebetsmantel um. Außerdem befestigt der Beter mit Riemen an den Armen und an der Stirn kleine Behälter, die Pergamentröllchen mit Zitaten aus der Schrift enthalten. Auf diese Weise will der Beter das Wort Gottes „vor Augen" haben (5. Mo 6,6–8).

Glaubensgrundsätze, daß er weiterhin an seiner jüdischen Herkunft festhielt. Auch der Stil seiner Schriften und die Art, in der er das Alte Testament benutzte, um seine theologischen Thesen zu „beweisen", deuten unmittelbar auf seine Ausbildung als Pharisäer hin. Jeder, der seinen Brief an die Galater liest, wird erstaunt sein über die Art, in der Paulus hier mit einigen Passagen des Alten Testaments umgeht. Er deutet sie auf für uns ungewöhnliche Weise. Ein Beispiel: Er argumentiert im Stil eines Rabbis, wenn er behauptet, die Verheißung, die Abraham empfing, beziehe sich nur auf eine einzige Person, auf Jesus Christus; denn das griechische Wort für „Nachkomme" ist ein Einzahlwort und kann nicht im Plural stehen.

Gal 3,16

Wie die Rabbinen löst Paulus einzelne Verse aus ihrem Zusammenhang und verknüpft Texte aus völlig verschiedenen Abschnitten des Alten Testaments, zwischen denen keine Verbindung besteht.

Es gab jedoch einen entscheidenden Punkt, an dem Paulus sein jüdisches Erbe verließ. Die Pharisäer waren Männer des Gesetzes. Sie bestanden darauf, daß nicht nur das geschriebene Gesetz des Alten Testaments, sondern auch die mündlichen Erläuterungen und Ergänzungen des alttestamentlichen Gesetzes (vgl. Mt 15,2), die später in Mischna und Talmud schriftlich kodifiziert wurden, genau beachtet wurden. Sie gingen sogar noch weiter, indem sie behaupteten, ein Mann, der diese Vorschriften nicht bis in alle Einzelheiten befolge, könne nie zur völligen Erlösung kommen. Paulus war bei seinem Bemühen, ein guter Pharisäer zu sein und das Gesetz genau einzuhalten, an den Rand der Verzweiflung geraten. Er wußte, daß ihm der völlige Gehorsam nie gelingen würde. Deswegen hatte er Gott niemals wirklich erkennen können. In einem optimistischen Augenblick sagte er einmal, daß er **Phil 3,6** „nach der Gerechtigkeit im Gesetz unsträflich" gewesen sei. Aber tief in seinem Herzen wußte er, daß eine stärkere Kraft als seine eigene ihn daran hinderte, jemals das Gesetz wirklich bis ins Letzte zu erfüllen. Das, was er an Erfolg vorzeigen konnte, reichte noch lange nicht aus: „. . . ich aber bin nur ein **Röm 7,14–15** Mensch, unter die Macht der Sünde verkauft. Denn ich weiß nicht, was ich tue. Denn ich tue nicht, was ich will, sondern was ich hasse, das tue ich." Je mehr Paulus sich bemühte, das Gute zu tun, um so unmöglicher war es ihm.

Gerade weil Paulus ein gesetzestreuer Pharisäer gewesen war, konnte er die ganze Bedeutung dessen ermessen, was Gott für die Menschen in Jesus Christus getan hat. Das Pharisäertum war für ihn ein Spiegel, in dem er seine eigenen Unzulänglichkeiten so deutlich erkannte, daß er sich selbst für den „größten unter den Sündern" hielt. In Jesus Christus hingegen sah er das Spiegelbild dessen, was er durch die freie

Die Synagoge wurde nach der Babylonischen Gefangenschaft zum Zentrum des Judentums. Überall, wo Juden wohnten, wurde dort von Laien die Schrift ausgelegt. Hier kam man auch zum Gebet zusammen.

Röm 8,3.12.13.26 Gnade Gottes werden konnte: „ Denn was dem Gesetz unmöglich war, …das hat Gott getan: er sandte zur Sühne für
die Sünder seinen Sohn in der Gestalt von uns sündigen Menschen und vollstreckte an einem menschlichen Leib das Urteil
über die Sünde… wenn ihr aber durch den Geist das selbst-
süchtige Handeln tötet, werdet ihr leben… Ebenso hilft auch
der Geist unserer Schwachheit auf.“

Paulus und die Philosophen

Von allen philosophischen Schulen jener Zeit stand die *Stoa*
Paulus geistig wohl am nächsten. Hierbei handelte es sich um
eine Philosophie, die Gott gleichsetzte mit der „Vernunft",
die den ganzen Kosmos durchwaltet. Die Stoa übte mit ihrer
ethischen Lehre von der Pflicht und der Einheit der Menschheit einen großen Einfluß aus. Das Gewissen zeige dem Menschen, was gut ist, und es liege nur an ihm, mit Entschiedenheit das tun zu wollen, was seine Pflicht ist. Einige der großen
Stoiker kamen aus Tarsus, und Paulus hat sich vermutlich von
seiner Jugendzeit her an die eine oder andere ihrer Lehren
erinnern können.

Manche Theologen vermuten jedoch, daß seine Bekannt-
schaft mit der Philosophie der Stoa über ein oberflächliches
Kennen hinausging. Sie weisen darauf hin, daß die Beweis-
führung des Paulus oftmals der Argumentation der Stoiker
ähnelt. Beide benutzen rhetorische Fragen, kurze zusammen-
hanglose Behauptungen, imaginäre Gegner, die Fragen stellten, und Bilder, die sie häufig der Welt des Sports, des Mau-
rerhandwerks und dem Leben im allgemeinen entnahmen.
Man kann in den Aussagen des Paulus sogar Passagen entdek-
ken, die die stoische Philosophie zu unterstützen scheinen;
Kol 1,16–17 zum Beispiel die Aussage „…alles ist durch ihn und auf ihn
hin geschaffen. Und er ist vor allem, und es besteht alles in
ihm".

Zweifellos kannte Paulus viele der stoischen Ideale. Aber
zwischen dem Christentum und der Philosophie der Stoa gab
es unübersehbare und gravierende Unterschiede:

● Die Stoa gründete sich auf philosophische Spekulationen über die Beschaffenheit der Welt und des Menschen. Ihr
eigentlicher „Gott" war die abstrakte menschliche Vernunft.
Der christliche Glaube läßt sich damit nicht vergleichen. Er
steht und fällt mit den historischen Fakten des Lebens und
Siehe 1. Kor 15,3–11 Todes Jesu Christi sowie seiner Auferstehung.

● Der stoische „Gott" war eine mangelhaft definierte
Abstraktion, manchmal in Zusammenhang gebracht mit dem

Seneca, Briefe 41.2, Zitat aus Vergil

Kol 1,19

Diogenes Laertius VII 1,53

Gal 2,20

Obwohl manche Worte des Paulus an philosophische Schulen seiner Zeit erinnern, war seine Botschaft eine völlig andere. Teil der Statue eines Philosophen aus dem 2. Jh.; gefunden in Ephesus.

Kosmos, oft mit der Vernunft und manchmal sogar mit dem Element des Feuers: „Was für ein Gott dort wohnt, ist unsicher, doch ein Gott wohnt dort" (quis deus incertum est, habitat deus). Der Gott des Paulus hingegen war ein persönliches Wesen, das sich in Christus geoffenbart hat. „Denn es hat Gott gefallen, mit seiner ganzen Fülle in ihm zu wohnen."

● Der Stoiker fand seine „Erlösung" in der Selbstbescheidung. Er bemühte sich, so weit Herrschaft über sich selbst zu erlangen, daß er in Harmonie mit der Natur leben konnte. „Das Ziel des Lebens ist, in Übereinstimmung mit der Natur zu handeln, sowohl mit der Natur in uns als auch mit der Natur des Kosmos... So stellt sich das Leben gemäß der Natur in jener tugendhaften und gesegneten Existenz dar, an der sich nur jener erfreuen kann, der immer so handelt, daß die Einheit zwischen dem „Dämon" einer Person (gemeint ist wohl: die Stimme des Gewissens) und dem Willen jener Kraft, die den Kosmos bestimmt, erhalten bleibt."

Für Paulus war die Erlösung etwas grundsätzlich anderes. Er fand sie nicht in Abhängigkeit von sich selbst, sondern in der Unterwerfung unter Jesus Christus: „Ich bin mit Christus gekreuzigt. Nun lebe nicht mehr ich, sondern Christus lebt in mir. Solange ich aber in diesem Leib lebe, lebe ich im Glauben an den Sohn Gottes, der mich geliebt und sich selbst für mich dahingegeben hat."

● Die Stoa hatte keine Zukunft; sie war eine Religion der Hoffnungslosigkeit. Die Mehrheit der Menschen sah man für unfähig an, sittliche Reife zu erlangen. Während sich der Kreislauf der Weltgeschichte wiederholte, waren sie der Zerstörung anheimgegeben. Ihre Erwartung konnte allenfalls darin bestehen, irgendwann wieder neu geboren zu werden, um aufs neue den alten Kreislauf mitzuerleben. Im Gegensatz dazu sagt der christliche Glaube, daß die Welt, wie wir sie kennen, mit dem zukünftigen persönlichen Einschreiten Jesu Christi ein unwiderrufliches Ende finden wird. Es wird eine völlig neue Welt entstehen.

Der Einfluß der Stoiker auf Paulus muß als geringfügig eingeschätzt werden. Niemand von uns kommt umhin, auch für den religiösen Bereich Worte und Ausdrücke zu gebrauchen, die uns aus anderen Zusammenhängen vertraut sind. Doch selbst wenn Paulus sich der Sprache der Stoiker bediente, so gab er ihr eine neue Bedeutung. Denn seine Botschaft von der Erlösung durch Christus war weit entfernt von der stoischen Botschaft der Erlösung durch Selbstdisziplin.

Paulus und die Mysterienreligionen

Im ersten Jahrhundert gab es überall im Römischen Reich fremdartige Kulte, die als Mysterienreligionen bekannt sind. In ihnen verbanden sich das Gedankengut östlicher Religionen, wie des Zoroastrismus (Zarathustra) oder des Judentums mit dem der religiösen Tradition Ägyptens, Griechenlands und Roms. Ihre große Anziehungskraft bestand darin, daß sie den gefühlsmäßigen Bedürfnissen vieler Menschen sehr entgegenkamen. Dabei handelte es sich um Leute, die den Götterglauben der alten Griechen und Römer als bloßen Aberglauben abgetan hatten, aber in der stoischen und in anderen Philosophien keinen Ersatz fanden, weil sie ihnen zu öde oder im Blick auf ihre geistigen Fähigkeiten zu anspruchsvoll erschienen.

Eine dieser Mysterienreligionen wurde später in eine enge Verbindung zum Christentum gebracht. Man gab ihr den Namen „Gnosis", denn sie behauptete, den Weg zu einer geheimen „Erkenntnis" (griechisch: gnosis) zu weisen, ohne deren Besitz kein Mensch auf Erlösung hoffen könne.

Es gibt einige oberflächliche Ähnlichkeiten zwischen den Mysterienreligionen und dem christlichen Glauben. Beide kamen aus dem Osten nach Rom und boten ihren Anhängern eine „Erlösung" an. Bei beiden gab es Einführungsriten (christliche Taufe) und ein sakramentales Mahl (christliches Abendmahl). Beide nannten ihren Erlöser „Herr". Wenn sich Menschen aus den Mysterienreligionen bekehrten und in die christliche Gemeinde eintraten, brachten sie oftmals Elemente ihres Mysterienglaubens mit. Wahrscheinlich war dies eine der Ursachen für die Schwierigkeiten in der Gemeinde von Korinth, über die Paulus in seinen Briefen an die Korinther schreibt.

Wegen dieser Ähnlichkeiten zwischen dem christlichen Glauben und den Mysterienreligionen vertraten einige Theologen früher die Meinung, Paulus habe die einfachen ethischen Lehren Jesu in eine Art Mysterienreligion umgewandelt. Heute läßt sich diese Ansicht nicht mehr aufrechterhalten. Es gibt keinen stichhaltigen Beweis, der sie untermauern würde; was wir an Beweisen haben, unterstützt eher das Gegenteil:

● Die Mysterienreligionen waren stets und sogar eifrig darauf bedacht, sich mit anderen Religionen zu verbinden. Dies hat der christliche Glaube immer abgelehnt, aufgrund der festen Überzeugung, daß nur ihm allein die volle Wahrheit durch Christus offenbart worden ist.

● Vieles von dem, was die Zugehörigkeit des Paulus zu den Mysterienreligionen beweisen sollte, hat sich als falsch herausgestellt. Man weiß jetzt z. B., daß die Bezeichnung „Herr", mit der Jesus angesprochen wird, nicht aus den Mysterienreligionen stammt, sondern aus dem Alten Testament. Der Ruf der Christen „Herr, komm!" (der uns in der aramäischen Form „Maranatha" überliefert ist) zeigt, daß die erste christliche Gemeinde Jerusalems, die nur aramäisch sprach, Jesus diesen Titel gegeben hatte, lange bevor Paulus in Erscheinung trat.

● Das, was die heidnische Welt so beeindruckte, waren nicht die Ähnlichkeiten des christlichen Glaubens mit den Mysterienreligionen, sondern seine Abweichungen davon. Der häufigste Vorwurf gegen die Christen war der des Atheismus, weil sie nicht einmal die Möglichkeit der Existenz anderer Götter einräumen wollten.

Zweifellos kannte Paulus die Mysterienreligionen und ihre Ähnlichkeit mit dem christlichen Glauben. Sie berichteten von Göttern, die in menschlicher Gestalt auf die Erde kamen, sie sprachen von dem „Sterben" des alten Lebens, von einem Gott, der ein über den Tod hinausreichendes Leben gab, und von dem Erlöser, der „Herr" genannt wurde.

Es ist möglich, daß Paulus, der bereit war, „allen alles" zu sein, manchmal mit Absicht die Sprache der Mysterien benutzt hat. Aber noch wahrscheinlicher ist, daß er es ganz unbewußt getan hat. Paulus zeigt in seinen Schriften jedenfalls keine detaillierten Kenntnisse der Mysterienreligionen. Er nimmt auch niemals eindeutig Bezug auf irgendeinen ihrer Riten. Dennoch sind viele heutige Theologen der Ansicht, daß die Kirche des ersten Jahrhunderts unter einem starken Einfluß einer frühen Form der Gnosis stand, weniger unter dem der Mysterienreligionen im allgemeinen. Wir werden einige dieser Behauptungen näher prüfen, wenn wir uns mit den Briefen des Paulus an die Gemeinde von Korinth beschäftigen (siehe Kap. 5).

Die Umgebung des Paulus war geprägt von dem Gedankengut dreier Welten: der jüdischen, der griechischen und der der Mysterienreligionen. Jede kann bis zu einem gewissen Grad zur Erhellung seiner Persönlichkeit und Lehre dienen. Aber es wäre töricht von uns, in Paulus lediglich das Produkt seiner kulturellen Umwelt zu sehen. Er betrachtete sich selbst vor allem anderen als „einen Menschen in Christus"! Was immer diese anderen Quellen ihm auch gegeben haben mögen, im Vergleich zu Christus galt ihm alles andere als „Schaden".

1. Kor 9,22

2. Kor 12,2

Phil 3,8

2. Paulus, der Verfolger

Verfolgung	25
Paulus begegnet Christus	26
Die verschiedenen Berichte über die Bekehrung des Paulus	26
Paulus in Damaskus	29
Zurück in Jerusalem	31
Paulus arbeitet in Antiochia	32
Wer waren die Propheten?	32
Paulus und die Judenchristen	34
Was geschah nach der Bekehrung des Paulus?	35

Zum jüdischen Glauben gehörte die feste Überzeugung, daß Gott bald in den Lauf der Geschichte eingreifen wird, um sein auserwähltes Volk Israel von der Herrschaft fremder politischer Mächte zu befreien. Auch Paulus teilte diese Auffassung.

Die Juden glaubten, daß Gott sie durch die Ankunft des „Messias" oder „Christus" zu einer der großen Nationen der Welt machen würde. Beide Bezeichnungen heißen übersetzt „der Gesalbte"; „Messias" kommt aus dem Hebräischen und „Christus" aus dem Griechischen.

Nach Meinung der Juden sollte die Ankunft des Messias unter dramatischen Umständen erfolgen, war er doch eine königliche Erscheinung aus dem ehrwürdigen Geschlecht Davids. Er sollte mit seinem Gefolge auf Jerusalem zumarschieren, den Tempel betreten und die verhaßten Römer aus dem Land jagen.

Da trat Jesus von Nazareth auf. Er behauptete, dieser Messias zu sein. Wen überrascht es, daß die Juden ihn nicht als ihren ersehnten Befreier anerkennen wollten! Jesus war Zimmermann und alles andere als ein König. Seine Heimatstadt Nazareth stand in keinem guten Ruf und eine Armee konnte er nicht vorweisen; im Gegenteil, er redete oft in einer Weise, die deutlich machte, daß er die Anwendung von Gewalt ablehnte. Sein Einzug in den Tempel, der zunächst wie die Erfüllung der Prophezeiung des Sacharja aussah, kündete nicht etwa den Sieg über die Römer an, sondern Tod und Erniedrigung durch ihre Hand.

Paulus teilte zunächst die Verachtung, die die Führer der Juden für diesen gekreuzigten „Messias" empfanden. Noch mehr verachtete er allerdings das, was die Nachfolger dieses „Pseudochristus" taten, behaupteten sie doch, dieser sei nach seiner schimpflichen Hinrichtung vom Tode auferstanden und von Gott als der wahre Messias anerkannt und zum Herrn über die Welt erhoben worden.

Für Jesus selbst konnte Paulus begreiflicherweise noch etwas Respekt aufbringen. Seine Lehren waren ja immerhin von hohem ethischen Wert, und so manchem seiner Worte konnten die Rabbinen zustimmen; aber seine Nachfolger hatten so gar nichts an sich, was für sie sprach. Sie waren unwissend und ungebildet. Woher nahmen sie das Recht, den religiösen Führern ihrer Zeit vorzuwerfen, sie hätten einen Fehler gemacht und niemanden anders zu Tode gebracht als Gottes eigenen Sohn?

Luk 1 u. 2
Joh 1,46

Mt 5,38–42
Mark 11,1–19
Sach 9,9

Apg 2,22–24

Apg 4,13

Verfolgung

Als einer der Nachfolger Jesu, ein Mann namens Stephanus, es wagte, in aller Öffentlichkeit zu behaupten, die Tage der jüdischen Religion und des Tempelkults seien gezählt, wußte Paulus, daß die Zeit zu handeln gekommen war. Es genügte nicht länger, die Nachfolger des „Weges", wie sie sich selber nannten, lediglich als verbohrte Sonderlinge zu betrachten. Sie stellten für das gesamte Judentum eine ernsthafte Bedrohung dar.

Apg 7,2–53

Also wurde Stephanus vom Jerusalemer Pöbel zu Tode gesteinigt. Paulus selbst stand daneben und verwahrte die Mäntel derer, die diese gemeine Tat vollzogen.

Apg 7,54–8,1

Aber Paulus war mehr als nur ein Garderobenwächter. Er war ein einflußreicher Pharisäer. Während er beobachtete, wie die Christen allmählich Jerusalem verließen und in andere Städte zogen, wurde ihm folgendes klar: Die Art der Verfolgung, wie sie Stephanus und andere erlitten hatten, erwies sich als völlig ungeeignet, das Problem zu lösen; im Gegenteil, sie bewirkte nur, daß sich der christliche Glaube auch in anderen Teilen des Römischen Reiches ausbreitete.

Einer der neuen Versammlungsorte dieser „Fanatiker" war Damaskus, eine unabhängige Stadt im Königreich der Nabatäer, in dem zu dieser Zeit Aretas herrschte (9 v. Chr. – 40 n. Chr.). Nicht zum ersten Mal wurde die Stadt Zufluchtsort für religiös Verfolgte aus Jerusalem. Laut den Fragmenten der Zadokiden (Dokumente einer jüdischen Sekte, die mit der Gruppe in Verbindung stand, die die Rollen vom Toten Meer geschrieben hat) war schon vor 130 v. Chr. eine große Anzahl von Juden nach Damaskus geflohen. Diese hatten es geschafft, sich von der jüdischen Behörde in Jerusalem unabhängig zu machen. Dasselbe glaubten nun auch die ersten Christen erreichen zu können. Hinzu kam, daß die jüdischen Gemeinschaften, die von den früheren Immigranten gebildet worden waren, ein ideales Forum für die Verkündigung der Botschaft von Jesus als dem Messias darstellten.

2. Kor 11,32–33

Doch die Christen hatten die Rechnung ohne Paulus gemacht. Er erinnerte sich daran, daß die Römer früher einmal dem Hohenpriester in Jerusalem das Recht zugestanden hatten, jüdische Verbrecher aus anderen Teilen des Römischen Reiches nach Jerusalem zu bringen und dort zu verurteilen. So ging er zum Hohenpriester und erbat sich von ihm ein Schreiben, das ihn bevollmächtigte, die Christen in Damaskus zu verfolgen und sie zur Verurteilung nach Jerusalem zu schaffen. Bei der Durchführung dieses Vorhabens hatte Paulus dann das denkwürdige Erlebnis, das den Verlauf seines ganzen weiteren Lebens bestimmen sollte.

1. Makk 15,15–24

Apg 9,1–2

Paulus begegnet Christus

Dieses denkwürdige Erlebnis wird an drei verschiedenen Stellen der Apostelgeschichte in allen Einzelheiten beschrieben. Das zeigt uns, wie wichtig dieses Erlebnis nicht nur für Paulus war, sondern für die gesamte Geschichte der frühen Kirche.

In Apostelgeschichte 9,3–19 lesen wir den zusammenfassenden Bericht des Lukas; in Apg 22,6–16 steht der persönliche Bericht des Paulus, mit dem er sich vor der Jerusalemer Volksmenge verteidigte; und in Apg 26,9–23 ist noch ein Bericht des Paulus zu finden, diesmal als Teil seiner Verteidigungsrede vor Herodes Agrippa II.

Diese drei Berichte stimmen nicht in allen Einzelheiten überein; liest man sie aber nebeneinander, so entsteht aus allen dreien ein zusammengesetztes Bild. Paulus hatte bei seinen beiden Berichten jedesmal besondere Gründe dafür, sich so und nicht anders auszudrücken.

Die verschiedenen Berichte über die Bekehrung des Paulus

Es gibt in den Einzelheiten dieser Berichte drei Hauptunterschiede.

● In Apg 9,7 hörten die Begleiter von Paulus die Stimme des auferstandenen Christus; sie sahen aber keine Gestalt. Vielleicht haben sie das helle Licht gesehen. In Kap. 22,9 sagt Paulus: „Die Männer, die bei mir waren, sahen zwar das Licht; aber die Stimme dessen, der mit mir redete, hörten sie nicht." Das, was sie hörten, waren vermutlich Laute, aber keine verständliche Stimme. In dem Bericht in Kap. 26 wird weder davon gesprochen, daß die Begleiter etwas gehört noch daß sie etwas gesehen hätten.

● In Apg 9,4 und 22,7 wird nur von Paulus berichtet, daß er zu Boden fiel; Paulus als die zentrale Figur des Geschehens. Das schließt jedoch nicht unbedingt aus, daß auch die anderen zu Boden fielen, wie es in Kap. 26,14 berichtet wird.

● In Apg 9,6 und 22,10 wird Paulus befohlen, er solle weiter bis nach Damaskus gehen, wo er weitere Anweisungen erhalten werde. In Kap. 26,16 erhält er seine Berufung zum Apostel bereits zum Zeitpunkt seiner Vision. Möglicherweise wollte er Agrippa nicht mit allen Einzelheiten seiner Geschichte langweilen und faßte sie deswegen in dieser Form zusammen.

Die aufgeführten Unterschiede sind nicht von besonderer Bedeutung und können leicht damit erklärt werden, daß die Erzählungen in jedem der Fälle einen ganz bestimmten Zweck verfolgten. Die Tatsache, daß Lukas diese Unterschiede in der Betonung beibehalten hat, gibt uns ein um so größeres Vertrauen in seine Glaubwürdigkeit als Historiker. Denn wenn die Geschichte von ihm erfunden worden wäre, hätte er sich sicher die größte Mühe gegeben, daß alle Berichte in Form und Sprache übereinstimmen.

Stephanus wurde der Gottes-
lästerung angeklagt und von
seinen fanatischen Gegnern
gesteinigt. Die Hinrichtung
geschah „vor der Stadt".
Das Stephanustor.

In allen wesentlichen Punkten stimmen die drei Erzählungen überein. Paulus befand sich auf der Reise nach Damaskus mit der Absicht, die Christen auszulöschen, als „ein Licht vom Himmel, heller als der Glanz der Sonne" auf ihn herniederschien und die Stimme des auferstandenen Christus ihm die Frage stellte: „Was verfolgst du mich?"

Von da an war Paulus ein anderer Mann. Schlagartig erkannte er, daß die Hoffnungen, die er als Jude gehegt hatte, trügerisch gewesen waren. Der göttliche Messias war nicht als Soldat, sondern als Diener gekommen. Der Kampf, den er kämpfte und gewann, war nicht gegen die Römer gerichtet gewesen, sondern – wie Paulus es später ausdrückte – gegen überirdische „Mächte und Gewalten". Jesus von Nazareth, den Paulus verachtet hatte, stand vor ihm als der Sohn Gottes, und er beanspruchte nicht nur die Herrschaft über das Volk Israel, sondern auch über das Leben des Paulus. Dieser schildert dem König Agrippa später in einfachen, aber eindrücklichen Worten seine Reaktion: „Daher, König Agrippa, war ich der himmlischen Erscheinung nicht ungehorsam."

Paulus, der den christlichen Glauben gehaßt hatte, sollte dessen größter Verfechter werden. Sein Leben stand fortan völlig unter der Herrschaft des auferstandenen Christus, der ihm auf der Straße nach Damaskus erschienen war und sein Leben und Denken verändert hatte. Seine Verdienste und seine Stellung im Judentum waren unwichtig geworden.

Nach seiner Ankunft in Damaskus konnte Paulus drei Tage lang nichts sehen und auch nichts essen, so sehr hatte ihn das Erlebnis überwältigt.

Apg 26,13

Apg 9,4; 22,7; 26,14

Eph 6,12

Apg 26,19

Das Erlebnis auf der Straße nach Damaskus bewirkte eine totale Kehrtwendung im Leben des Paulus.

Als Paulus Damaskus erreichte, wohnte er in der „Geraden Straße" bei einem Mann mit Namen Judas.
Teile der Stadtmauer aus der Zeit des Paulus stehen noch heute.

Paulus in Damaskus

Apg 9,10–19; 22,12–16

Ein in Damaskus lebender Christ, Ananias, suchte Paulus auf, um ihn zu ermutigen. Paulus ließ sich taufen und verbrachte anschließend einige Zeit bei den Christen in Damaskus. Hier war Paulus zum ersten Mal in der christlichen Gemeinschaft mit Männern und Frauen zusammen, die er als Pharisäer gemieden hätte. In seinem Brief an die Galater sagt Paulus später, daß der Glaube an Christus die Menschen miteinander versöhnt. Das hatte er erfahren. Die unwissenden und ungebildeten Leute, die er verfolgt hatte, wurden nun seine engsten Freunde.

Gal 3,28–29

Aber Paulus vergaß nicht, weshalb er nach Damaskus gekommen war. Er hatte beabsichtigt, zunächst die jüdischen

Apg 9,20–25

Synagogen der Stadt zu besuchen. Also ging er ohne Umschweife zu den Juden, die ihn schon erwarteten. Doch was er ihnen sagte, mußte sie maßlos überraschen. Anstatt den christlichen Glauben zu bekämpfen, verkündigte er ihn und bewies öffentlich, daß Jesus der von Gott versprochene Messias ist.

In Gal 1,17 erwähnt Paulus einen kurzen Besuch in Arabien (vermutlich eine Region unweit von Damaskus), wonach er wieder zurückkehrte und in Damaskus weitere drei Jahre verbrachte. Diese Annahme wird von Apg 9,23 gestützt, wonach er „viele Tage" in Damaskus blieb.

Doch es wurde für Paulus mit der Zeit unmöglich, in Damaskus zu bleiben. Denn nicht nur die Juden bemühten sich, 2. Kor 11,32 ihn umzubringen, sondern auch die städtischen Behörden. Seine Freunde ließen ihn heimlich in einem Korb über die Apg 9,23–25 Stadtmauer hinunter und verhalfen ihm so zur Flucht.

Zurück in Jerusalem

Danach ging Paulus wieder nach Jerusalem. Vermutlich ist dies der Besuch, der in Gal 1,18–24 beschrieben wird. Seine Ankunft in Jerusalem versetzte die Jünger in Angst und Schrecken. Sie blieben mißtrauisch, bis Barnabas, einer der Führer der Gemeinde, von der Bekehrung des Paulus und seinem Zeugnis in Damaskus berichtete.

Apg 9,26–30

Auch in Jerusalem begann Paulus sofort zu predigen. Er war dabei so erfolgreich, daß die Juden überlegten, wie sie ihn beseitigen könnten. Die Apostel schickten ihn daraufhin nach Cäsarea in Sicherheit, von wo aus er in seine eigentliche Heimat, nach Tarsus, zurückkehrte.

Nach Aussage des Galaterbriefes hatte Paulus hauptsächlich deswegen Jerusalem besucht, weil er mit Petrus zusammentreffen wollte, bei dem er dann auch fünfzehn Tage blieb.

Bald nach seiner Rückkehr war das Leben des Paulus auch in Jerusalem nicht mehr sicher. Ein Blick in die engen Gassen der Jerusalemer Altstadt.

Gal 1,18–19
Ebenso traf er Jakobus, den Bruder Jesu. Die meisten Christen in diesem Gebiet kannten ihn jedoch nur vom Hörensagen. Die folgenden elf Jahre verbrachte Paulus in Zilizien und Syrien.

Gal 1,22–24

Paulus arbeitet in Antiochia

Die Christen in Jerusalem mögen Paulus während dieser Zeit verständlicherweise vergessen haben; nur einer erinnerte sich sehr gut an ihn: Barnabas. Als dieser später in die Gemeindearbeit nach Antiochia in der römischen Provinz Syrien geschickt wurde, reiste er auch nach Tarsus, um Paulus zu suchen und als Mitarbeiter zu gewinnen. Ungefähr ein Jahr später kam aus Jerusalem ein Mann mit Namen Agabus nach Antiochia. Er verkündete der Gemeinde dort, daß eine große Hungersnot bevorstehe, unter der auch die Christen in Jerusalem zu leiden haben würden. Daraufhin beschloß die Gemeinde von Antiochia, ihren Glaubensbrüdern zu helfen. Barnabas und Paulus sollten persönlich eine Geldspende überbringen.

Apg 11,19–26

Apg 11,27–30

Nach Lukas hat dieser Besuch in Jerusalem im Jahre 43 stattgefunden, als dort immer noch die Verfolgung der Christen andauerte, die im Jahre 42 unter Herodes Agrippa I. begonnen hatte. Vermutlich bezieht sich Paulus im Galaterbrief auf diesen Besuch. Er spricht dort nämlich einmal von einer „Offenbarung". Gemeint ist damit möglicherweise diese Prophezeiung der Hungersnot durch Agabus. Paulus schreibt, daß er bei diesem Besuch mit den Leitern der dortigen Gemeinde im engsten Kreis zusammengetroffen sei, – wegen der anhaltenden Verfolgung eine sehr verständliche Maßnahme.

Gegenüberliegende Seite:
Zur Zeit des Paulus war Antiochia die drittgrößte Stadt des Römischen Reiches und die Hauptstadt der Provinz Syrien.
Die christliche Gemeinde in Antiochia war dynamisch und wuchs schnell. Von hier aus wurden Paulus und Barnabas zu ihrer ersten Missionsreise ausgesandt.
Diese byzantinische Kirche in Antiochia gilt als eine der frühesten Kirchen überhaupt.

Wer waren die Propheten?

Bei der Unterweisung der Christen von Korinth im Gebrauch der Geistesgaben (griech.: charismata) innerhalb der Gemeinde gibt Paulus ihnen den Rat, sich nach allen Gaben auszustrecken, die Gott ihnen geschenkt hatte; ganz besonders aber nach der Gabe der Prophetie (1. Kor 14,1–5; 12,4–11). Was ist mit dieser Gabe der Prophetie gemeint, der wir überall in der Apostelgeschichte und im ersten Korintherbrief begegnen?

Es besteht kein Zweifel, daß es in der frühen Kirche eine bedeutende Gruppe von Männern und Frauen gab, die als „Propheten" bekannt waren. Sie erscheinen oft in der Aufzählung unmittelbar nach den Aposteln (1. Kor 12,28–29; Eph 2,20; 3,5; 4,11), wohingegen die uns geläufigeren Aufgaben eines Evangelisten, Pastors oder Lehrers in der Reihenfolge erst später genannt werden (1. Kor 12,28–29; Eph 4,11; Apg 13,1; Röm 12,6–8).

Die Prophetie beschränkt sich nicht auf die Voraussage bestimmter Ereignisse (siehe Agabus, Apg 11,28; 21, 10–11;

Als eine der größten Städte des Römischen Reiches besaß Antiochia eine gewisse Repräsentationspflicht. Die Römer bauten großartige Tempel und Monumente. Dieser Kopf einer Statue stammt aus dem 2. Jh. n. Chr.

ebenso Offb 22,6), sondern gibt auch Anleitung und Anweisung für gegenwärtige Situationen.

In Apg 13,1–4 beauftragen die Propheten der Gemeinde in Antiochia aufgrund einer Anweisung des Heiligen Geistes Paulus und Barnabas „mit dem Werk, zu dem ich sie berufen habe". In der Gemeinde von Cäsarea besaßen die vier Töchter des Evangelisten Philippus die Gabe der Prophetie (Apg 21,8–9). Auch die Beauftragung des Timotheus hing mit einer Prophetie zusammen (1.Tim 1,18; 4,14). Hin und wieder lesen wir von Propheten, die

untätige Christen ermahnten und in Verfolgung stehende ermutigten (z. B. 1. Kor 14,3; Apg 15,32).

Neben dieser auf die Praxis ausgerichteten Arbeit innerhalb der Gemeinde hatten die Propheten auch eine wichtige theologische Aufgabe. In 1.Kor 13,2 wird die Gabe der Propheten mit dem Wissen um „alle Geheimnisse und alle Erkenntnisse" Gottes in Verbindung gebracht, und Eph 3,5–6 zeigt die Bedeutung der Prophetie für die Beurteilung der nichtjüdischen Völker.

Paulus und die Judenchristen

Paulus läßt keinen Zweifel daran, daß das Zusammentreffen mit den Leitern der Jerusalemer Gemeinde für seinen Dienst ausschlaggebende Bedeutung hatte. Die Apostel in Jerusalem erkannten nämlich seine Mission unter den Heiden als notwendig an. Für die frühe Kirche war dies von großer Bedeutung.

Gal 2,1–10

Es gab Juden außerhalb Palästinas (bekannt als „die Juden in der Zerstreuung") und auch Pharisäer aus der liberaleren Schule des Hillel, die einen beachtlichen missionarischen Eifer entwickelten, um Heiden für den jüdischen Glauben zu gewinnen. Die Pharisäer waren als tüchtige Evangelisten bereit, „Land und Meer zu durchziehen, um einen Judengenossen zu gewinnen". Von diesen Bekehrten wurde Gehorsam erwartet gegenüber dem ganzen jüdischen Gesetz, sowohl dem Ritual- als auch dem Moralgesetz. Voraussetzung für ihre Zugehörigkeit zur jüdischen Glaubensgemeinschaft war unter anderem, daß sie sich dem Ritus der Beschneidung unterzogen. (Obgleich es möglich war, am jüdischen Gottesdienst auch als „Gottesfürchtiger" teilzunehmen – Kornelius war ein solcher. In diesem Fall war man nicht verpflichtet, die ganze Bürde des jüdischen Gesetzes auf sich zu nehmen.) Die Leiter der christlichen Gemeinde von Jerusalem waren nach wie vor praktizierende Juden. Von daher war es ganz natürlich, daß sie die Meinung vertraten, alle Heiden, die Christen werden wollten, müßten zunächst einmal Juden werden, und zwar durch die Beschneidung.

Mt 23,15

Apg 10,22

Apg 10,1–11,18

Die Erfahrung des Petrus mit dem Hauptmann Kornelius hatte sie davon überzeugt, daß auch Heiden sich bekehren und die Kraft des Heiligen Geistes empfangen konnten. Da aber die Missionsarbeit des Paulus und Barnabas unter den Heiden in Antiochia sehr erfolgreich war, mußte die Frage, unter welchen Umständen bekehrte Heiden zur Christengemeinde gehören dürfen, grundsätzlich entschieden werden.

Als Petrus später die Gemeinde in Antiochia besuchte, beteiligte er sich zunächst an dem von Paulus eingeführten Brauch, gemeinsam mit den Heidenchristen zu essen. Für das Empfinden eines Juden war das höchst anstößig (Apg 10,28), obgleich Petrus selbst ja schon mit der Familie des Römers Kornelius gespeist hatte (Apg 11,3). Als dann in Antiochia einige weniger weitherzige Juden aus Judäa eintrafen, gab Petrus diesen Brauch wieder auf und überredete auch Barnabas dazu. Diese Inkonsequenz rügte Paulus scharf.

Gal 2,11–14

Der Vorfall ist der erste Hinweis auf ein Problem, mit dem sich Paulus während seines ganzen Dienstes herumschlagen sollte. Er wußte zwar, daß seine Botschaft besonders an die Heiden gerichtet war, aber das ließ ihn niemals seine Herkunft vergessen. Er war stolz darauf, ein Jude zu sein. Wo er auch hinreiste, versuchte er zunächst, die Juden zu gewinnen oder jene, die dem Judentum nahestanden. Bei mehr als einer Gelegenheit sammelte er Geld für die nur mit geringen finanziellen Mitteln ausgestatteten Judenchristen in Jerusalem. Und als er einmal über die Lage der Juden, die doch Gottes erwähltes Volk waren, nachdachte, überwältigte es ihn so, daß er schreiben konnte: „Ich selber wünschte verflucht und von Christus getrennt zu sein für meine Brüder, die von Natur meine Stammverwandten sind."

Röm 9,3

Doch tief in seinem Herzen wußte er, daß die Juden im Unrecht waren; sie hatten den von Gott auserwählten Messias nicht anerkannt.

Der Auftrag des Paulus war genauso einzigartig, wie es seine Bekehrung gewesen war. Und in dem Augenblick, in dem er begann, den Missionsauftrag gemäß seiner Berufung auszuführen (Apg 9,15), wurde aus dem Wetterleuchten der Unstimmigkeit, das in Antiochia zum erstenmal zu bemerken war, ein heftiges Gewitter.

Was geschah nach der Bekehrung des Paulus?

Die Informationen aus der Apostelgeschichte und aus dem Galaterbrief ergeben folgende Zeitabfolge:

● Die Bekehrung des Paulus (Apg 9,3–19; 22,6–16; 26,9–18; vergleiche Gal 1,11–17).

● Ein kurzer Aufenthalt in Damaskus (Apg 9,19b).

● Ein Besuch in Arabien (Gal 1,17).

● Eine ungefähr dreijährige Tätigkeit in Damaskus (Gal 1,17; möglicherweise Apg 9,20–22).

● Erster Besuch des Paulus nach seiner Bekehrung in Jerusalem (Apg 9,26–30; Gal 1,18–24).

● Aufenthalt des Paulus in Tarsus (Apg 9,30; 11,25; Gal 1,21).

● Barnabas schließt sich der Gemeinde in Antiochia an (Apg 11,20–24).

● Paulus kommt zu Barnabas nach Antiochia (Apg 11,25–26).

● Paulus und Barnabas reisen nach Jerusalem, um der dortigen armen Gemeinde eine Geldspende zu überreichen. Seit der Bekehrung des Paulus sind vierzehn Jahre vergangen (Apg 11,29–30; 12,25; Gal 2,1–10).

Diese Reihenfolge wird keinesfalls allgemein akzeptiert, insbesondere nicht von vielen deutschen Theologen. Es stellt sich nämlich die Frage, ob die von Paulus stammenden Berichte über seine Kontakte zu den Aposteln in Jerusalem mit den Berichten der Apostelgeschichte in Einklang gebracht werden können.

Paulus legt besonderen Wert auf den in Galater 2,1–10 erwähnten Besuch. Er bezeichnet ihn als wesentlich für seine gesamte Arbeit unter den Heiden. Wenn wir in der Apostelgeschichte nach einem Besuch von dieser Bedeutung suchen, dann scheint auf den ersten Blick der in Kap. 15,1–29 in Frage zu kommen. Dort wird berichtet, wie Paulus und Barnabas mit den anderen Aposteln und Gemeindeleitern zusammenkamen, um ein für allemal festzulegen, was von den Heiden in bezug auf das jüdische Gesetz zu fordern sei (dieses Zusammentreffen wird oft das „Apostelkonzil von Jerusalem" genannt). Daher wurde seit jeher angenommen, daß in Apg 15,1–29 über dasselbe Treffen berichtet werde wie in Gal 2,1–10. Dabei ergeben sich jedoch zwei größere Probleme:

1. Nach Apg 15,1–29 kam es bei diesem Besuch zu einer ausführlichen und weitgespannten Diskussion über genau die Probleme, mit denen sich Paulus im Galaterbrief beschäftigen mußte. Das Konzil befaßte sich mit der Frage der Heidenchristen und ihres Verhaltens dem Gesetz des Alten Testaments gegenüber. In Apg 15,28–29 lesen wir die Einzelheiten einer Übereinkunft, die während des Konzils ausgearbeitet wurde. Diese Übereinkunft wurde von Paulus und Barnabas und offensichtlich auch von allen anderen Teilnehmern als eine grundlegende Regelung für die Zulassung von Heiden zur christlichen Gemeinde akzeptiert. In Gal 2,1–10 nimmt Paulus jedoch in keiner Weise Bezug auf diese Absprache, obwohl sie gerade an dieser Stelle für die Verteidigung seiner eigenen Position von höchster Bedeutung gewesen wäre. In Gal 2,6 erklärt er, daß die Leiter der Jerusalemer Gemeinde ihm „nichts weiter auferlegt" hätten. Das hört sich sehr viel anders an als in Apg 15, wo gerade diese Leute darauf bestanden, daß auch Paulus sich den von ihnen festgelegten Regeln unterordne.

2. Wenn in Apg 15,1–29 tatsächlich von denselben Ereignissen gesprochen würde wie in Gal 2,1–10, dann bestünde allerdings zwischen den beiden Berichten eine historische Unvereinbarkeit. Denn nach der Apostelgeschichte lagen zwischen der Bekehrung des Paulus und dem „Konzil"

bereits zwei frühere Besuche des Paulus in Jerusalem (Apg 9,26; 11,30; 12,25). Er selbst erwähnt jedoch nur einen Besuch (Gal 1,18). Es wäre unbegreiflich, wenn Paulus sich hier geirrt hätte; denn seine ganze Argumentation im Galaterbrief würde ihre Gültigkeit verlieren, wenn er auch nur ein einziges Treffen nicht erwähnt hätte. Möglicherweise hat Lukas denselben Vorfall in der Apostelgeschichte zweimal beschrieben.

Diese Beobachtungen machen es schwierig, zwischen Apg 15,1–29 und Gal 2,1–10 direkte Verbindungen zu sehen. Daneben gibt es noch weitere, aber weniger bedeutende Gesichtspunkte, die vermuten lassen, daß hier zwei verschiedene Ereignisse beschrieben werden:

● In Apg 15,2 wurde durch die Gemeinde von Antiochia „beschlossen", daß Paulus und Barnabas nach Jerusalem zögen, um dort die „Apostel und Ältesten" zu treffen. Im Galaterbrief hingegen sagt Paulus, daß er „auf Grund einer Offenbarung" nach Jerusalem gegangen sei (Gal 2,2).

● Die Zusammenkunft in Apg 15 mit den Aposteln, den Ältesten und der „ganzen Gemeinde" (15,22) war halböffentlich. Im Galaterbrief erwähnt Paulus jedoch ausdrücklich, daß das Treffen privater Natur gewesen sei (Gal 2,2); als einzige werden Jakobus, Kephas (Petrus) und Johannes erwähnt (2,9).

● Das Ergebnis des Treffens in Apostelgeschichte 15,1–29 war eine Entscheidung (das „Aposteldekret"), die es den Heidenchristen erlaubte, unbeschnitten zu bleiben. Man bestand in dem Dekret allerdings darauf, daß gewisse jüdische Bräuche betreffend „reiner" und „unreiner" Speisen von ihnen beachtet werden sollten, wohl damit es den Judenchristen weniger schwerfiel, mit ihnen Gemeinschaft zu haben (Apg 15,28–29). Die Folge des Treffens im Galaterbrief hingegen war eine Anerkennung des Paulus und Barnabas als Apostel der Heiden und des Petrus und der anderen als Apostel der Juden (Gal 2,9–10).

Angesichts der Unterschiede zwischen Apg 15,1–29 und Gal 2,1–10 scheint es angebracht, die Ereignisse in Gal 2,1–10 mit denen in Apg 11,29–30; 12,25 gleichzusetzen. Mindestens vier Gründe sprechen dafür:

● Nach Gal 2,2 ging Paulus „auf Grund einer Offenbarung" nach Jerusalem. Es ist sehr gut möglich, daß er mit dieser Formulierung auf die Prophezeiung der Hungersnot durch Agabus anspielt (Apg 11,28).

Gal 2,2 läßt vermuten, daß das Treffen mit den Leitern der Gemeinde im engsten Kreis stattfand. Da nach der Apostelgeschichte die Hungersnot zeitlich entweder während oder kurz nach der Christenverfolgung durch Herodes Agrippa II. anzusetzen ist, wäre dieses „Geheimtreffen" leicht zu erklären. Weitere Unterstützung findet diese Rekonstruktion in der Tatsache, daß weder Jakobus noch andere Christen bei diesem Treffen anwesend waren (Apg 12,17).

● Es besteht die Möglichkeit, Gal 2,10 wie folgt zu übersetzen: „Sie baten uns nur, weiterhin der Armen zu gedenken, und ich hatte in der Tat besonderen Wert darauf gelegt, gerade dies zu tun." Wenn man diese Übersetzung akzeptiert, kann man tatsächlich annehmen, daß Paulus in Gal 2 auf einen Besuch anspielt, wie er in Apg 12,25 beschrieben wird.

● Es lag offensichtlich in der Absicht des Paulus, jeden Besuch in Jerusalem, der zeitlich zwischen seiner Bekehrung und dem Schreiben des Galaterbriefes lag, aufzuzählen. Falls nun Apg 11,29–30 über den gleichen Besuch berichtet wie Gal 2,1–10, können wir eine ganz einfache Erklärung dafür finden, warum er das Aposteldekret (das für seine Argumentation im Galaterbrief von großer Bedeutung gewesen wäre) mit keinem Wort erwähnt hat: Das Apostelkonzil hatte noch nicht stattgefunden.

Nach dieser Darstellung muß Paulus den Brief an die Galater irgendwann zwischen den in Apg 12,25 und den in Apg 15,1–19 erwähnten Ereignissen geschrieben haben. Dabei allerdings stellen sich uns einige Fragen hinsichtlich der Datierung des Galaterbriefes (siehe Kap 3).

3. Paulus widersetzt sich den Gesetzestreuen

Zypern   40

Die ersten heidenchristlichen Gemeinden   41

Juden und Heiden   42

Die Briefe des Paulus   44

Paulus schreibt an die Gemeinden in Galatien   44

Wer waren die Galater?   46

Der Galaterbrief   48

Das Apostelkonzil   54

Warum akzeptierte Paulus das Dekret des Konzils?   55

Kurz nachdem Paulus und Barnabas von Jerusalem nach Antiochia zurückgekehrt waren, begann eine neue Phase ihrer Arbeit. Die heidenchristliche Gemeinde dort sandte die beiden Männer auf ihre erste große Missionsreise.

Apg 13,1–3

Zypern

Nachdem sie Antiochia verlassen hatten, fuhren sie mit dem Schiff zuerst nach Zypern, der Heimat des Barnabas. In dem Bericht der Apostelgeschichte lesen wir an dieser Stelle zum erstenmal, daß Paulus einem römischen Beamten die christliche Botschaft verkündigte, und zwar in der zyprischen Stadt Paphos dem römischen Stadthalter Sergius Paulus. (Der Apostel wird von hier an immer mit seinem römischen Namen „Paulus" genannt und nicht mehr mit dem hebräischen „Saulus".)

Apg 13,6–12

Von Zypern aus segelten sie an die Südküste Kleinasiens, überquerten das Gebirge und kamen dann nach Pisidien in eine Stadt, die ebenfalls Antiochia hieß. Danach ging es weiter nach Osten in die Landschaft Lykaonien, die zur römischen Provinz Galatien gehörte. Dort missionierten sie erfolgreich in einigen Städten und kehrten daraufhin auf ungefähr demselben Weg nach Antiochia in Syrien zurück. Zypern berührten sie auf dem Rückweg allerdings nicht mehr.

Apg 13,13–14

Apg 13,51–14,7

Apg 14,7–20

Apg 14,21–28

In jeder Stadt gingen die Apostel zuerst zur Synagoge; dort begannen sie mit ihrer Arbeit. Sie konnten in dieser Umge-

bung am ehesten jene nichtjüdischen „Gottesfürchtigen"
treffen, die ihrer Botschaft am aufgeschlossensten gegen-
überstanden.

Auf ihrer Rückreise legten die Apostel Wert darauf, noch
einmal alle neugegründeten christlichen Gemeinden zu besuchen. Sie wollten die jungen Christen in ihrem Glauben stärken und Älteste bestimmen, die die Verantwortung tragen
sollten.

Auf dieser Reise wurde Paulus krank. Er erwähnt später
einmal einen „Pfahl im Fleisch", der ihm zu schaffen macht.
Eine Bemerkung in Gal 4,15 könnte auf eine Augenkrankheit
hinweisen.

Apg 14,21–23

Gal 4,13–15
2. Kor 12,7

Die ersten heidenchristlichen Gemeinden

In Paphos auf der Insel Zypern
verkündete Paulus dem römi-
schen Prokonsul Sergius
Paulus das Evangelium
(Apg 13,6).
Diese Gebäudereste könnten
Teil der Residenz gewesen
sein.

Die Missionsarbeit hatte zur Folge, daß sich nicht nur dem jüdischen Glauben nahestehende „Gottesfürchtige", sondern
auch Heiden zu Jesus Christus bekehrten. Paulus erkannte
immer stärker seine Berufung als „Heidenapostel". Die Erfahrungen, die er in dieser Zeit sammelte, und seine theologische Erkenntnis brachten ihn zu der Überzeugung, daß man

die Heidenchristen zur christlichen Gemeinde zulassen sollte, ohne sie vorher zur Beschneidung oder Beachtung sonstiger jüdischer Regeln zu verpflichten. Die Gemeinde in Antiochia, zu der Paulus und Barnabas zurückkehrten, stimmte ihnen in diesem Punkt zu. Der Bericht der beiden wurde freudig aufgenommen.

Apg 14,27–28

Juden und Heiden

Aber diese glückliche Zeit sollte nicht lange dauern. Kurze Zeit später trafen in Antiochia Boten der Jerusalemer Gemeinde ein, sogenannte Judaisten, die eine ganz andere Haltung einnahmen. Zu allem Überfluß besuchten sie auch noch die christlichen Gemeinden, die Paulus und Barnabas auf ihrer ersten Missionsreise gegründet hatten. Sie fingen an, unter den jungen Christen Unruhe zu stiften, indem sie behaupteten, Paulus habe ihnen nur die halbe Wahrheit gesagt.

Gal 2,11–14

Nach der festen Überzeugung des Paulus wurde jedem Heiden, der sein Leben Christus übergab, der Heilige Geist geschenkt. „Sein Leben war Gott wohlgefällig." Vielen Judenchristen erschien diese Vorstellung geradezu gotteslästerlich. Nach ihrer Meinung hatte Gott seinen Willen im Alten Testament geoffenbart. Und da würde unmißverständlich gesagt, daß ein Mensch, der Anteil an der göttlichen Gemeinschaft haben wolle, sich beschneiden lassen und darüber hinaus viele andere Regeln beachten müsse. Wie konnte Paulus behaupten, aus diesen Heiden seien vollwertige Christen geworden, wenn sie noch nicht einmal die Offenbarung Gottes im Alten Testament in ihrem vollen Ausmaß berücksichtigten! Wie konnte er es wagen zu sagen, ein zuchtvolles christliches Leben könne auf andere Weise als durch die Einhaltung jüdischer Gesetze und Vorschriften erreicht werden!

Bei den jungen Christen riefen diese Fragen große Verwirrung hervor. Was hatten sie getan? Sie hatten doch nur die Botschaft angenommen, die ihnen von Paulus verkündigt worden war. Die wenigsten von ihnen kannten den jüdischen Glauben genau, und sie hatten keine Ahnung von dem, was im Alten Testament stand.

Als sie nun unter der Anleitung der Judenchristen anfingen, die alten Schriften zu lesen, sahen sie sich bald mit einer Unmenge von Regeln und Vorschriften konfrontiert. Sie wußten, daß sie diese niemals alle erfüllen konnten, auch wenn das für ihr Heil unerläßlich wäre. Einige rafften sich mutig zu einem Versuch auf und begannen damit, den Sabbat und vermutlich noch andere jüdische Feiertage zu halten. Viele dachten daran, sich beschneiden zu lassen, um so den

Gal 4,8–11

Gal 5,2–12

Anforderungen des Alten Testaments zu genügen. Die große Mehrheit jedoch wußte einfach nicht, was sie tun sollte.

Paulus erfuhr von den Vorgängen. Er war über das, was er hörte, empört. Aber gerade zu diesem Zeitpunkt war es ihm unmöglich, die Gemeinden erneut zu besuchen. So entschied er sich in der Erregung des Augenblicks, ihnen einen Brief zu schreiben: den Brief an die Galater.

Reste einer antiken Markt-straße in Perge. Hier verließ Johannes Markus seine Begleiter und kehrte nach Jerusalem zurück (Apg 13,13).

Die Briefe des Paulus

Apg 23,26–30

Die Briefe des Paulus sind ganz im Stil seiner Zeit abgefaßt. Der Brief des Claudius Lysias an den Landpfleger Felix bietet uns dafür ein gutes Beispiel. Er ist wie die meisten Briefe aus dieser Zeit nach einem bestimmten Schema aufgesetzt:

● Am Anfang stand immer der Name des Schreibers, dann folgte der Name des Empfängers. Paulus hält sich in seinen Briefen an dieses Schema.

● Dann kommt die Begrüßung. Sie bestand gewöhnlich nur aus einem Wort. Paulus erweiterte sie oft um die traditionelle hebräische Begrüßung (schalom, „Friede"), die er mit einem neuen christlichen Gruß verband („Gnade" – was formal dem alltäglichen Gruß der Griechen sehr ähnelte).

● Der dritte Teil eines griechischen Briefes enthielt höfliche Dankesbezeugungen für das gesundheitliche Wohlergehen des Empfängers. Paulus fügt an dieser Stelle gewöhnlich noch weitere Danksagungen an. Zum Beispiel dankt er für Gottes Trost in Bedrängnis oder für den Opfertod Christi oder allgemein für eine Gemeinde.

● Dann folgt der Hauptteil des Briefes. Bei Paulus ist dieser oft zweigeteilt: zunächst eine *lehrhafte Darlegung* des Evangeliums (oftmals als Antwort auf Fragen, die seine Leser gestellt hatten) und dann eine *Aufforderung* zu einem Leben nach der christlichen Ethik.

● Als nächstes folgen persönliche Nachrichten und Grüße. Bei Paulus sind dies meistens Nachrichten aus den Gemeinden oder von bekannten Gemeindegliedern.

● Die Briefe des Paulus enden oft mit den Worten der Ermahnung oder des Segens, die er eigenhändig hinzufügt. Damit wird eine Art Garantie für die Echtheit des Briefes gegeben.

● Die Briefe dieser Zeit endeten meist mit einem einzigen Wort des Lebewohls. Paulus fügt diesem fast immer einen Segensspruch oder ein Gebet für seine Leser hinzu.

Paulus schreibt an die Gemeinden in Galatien

Gal 1,1–2

Ein Blick auf den Galaterbrief zeigt uns, wie eng sich Paulus an dieses Schema hielt, selbst dann noch, wenn er den Brief offensichtlich in großer Eile schrieb. Als erstes nennt er seinen Namen: „Paulus, ein Apostel…" und bezieht „alle Brüder, die bei mir sind" mit ein. Dann folgen die Namen derjenigen, an die der Brief gerichtet ist; in diesem Fall sind es mehrere

Gal 1,3
Gal 1,4–5

Gemeinden: „an die Gemeinden von Galatien". Nun kommt die Begrüßung: „Gnade... und Frieden"; sie wird erweitert zu einem Lobe Gottes.

An dieser Stelle entdecken wir allerdings, daß ein wichtiger Punkt fehlt. Nirgendwo im Galaterbrief dankt Paulus für den geistlichen Stand der Empfänger. Sie waren noch nicht lange genug Christen, um von Paulus in irgendeiner Sache gelobt zu werden (wie z. B. in Phil. 1,3–11). Die Situation zum Zeitpunkt des Schreibens gab Paulus auch keinen Anlaß dafür.

Dann folgt der Hauptteil des Briefes. Er besteht, grob unterteilt, aus einem lehrhaften Teil (Kapitel 1,6–4,31) und aus einer praktischen Beschreibung christlicher Lebensführung (Kapitel 5,1–6,10). Persönliche Nachrichten und Grüße am Schluß des Briefes fehlen. Aber es folgt doch eine eigenhändig geschriebene Passage. Sie könnte übrigens die Vermutung stützen, daß die Sehkraft des Paulus geschwächt war. Am Ende des Briefes steht ein Segen, der gleichzeitig ein Fürbittegebet für die Empfänger ist. Paulus gibt die Zusicherung, daß ihnen eine Kraft zur Verfügung stehe, die größer ist als ihre eigene: „Die Gnade unseres Herrn Jesus Christus sei mit eurem Geist, liebe Brüder! Amen."

Das pisidische Antiochia lag im Herzen Kleinasiens. Es war eine römische Stadt mit starkem hellenistischen und jüdischem Einfluß. Die Stadt lag an einer wichtigen Handelsstraße. Solche Orte bevorzugte Paulus als Zentren seiner Arbeit.
Baumwollmarkt in Antakya, wie die Stadt heute heißt.

Wer waren die Galater?

Bei der Frage nach der zeitlichen Reihenfolge der Ereignisse seit der Bekehrung des Paulus waren wir zu dem Schluß gekommen, daß der Brief an die Galater etwa aus dem Jahre 48 n. Chr. stammt. Demnach hätte Paulus ihn geschrieben, kurz bevor er mit Barnabas Jerusalem besuchte und dort am Apostelkonzil teilnahm. Die bisher angeführten Argumente bieten genug Handhabe, um diese frühe Datierung anzunehmen. Damit wäre der Galaterbrief der erste Brief, den Paulus geschrieben hat und der älteste Teil des Neuen Testaments. Aber es gibt noch einiges mehr an Für und Wider zu dieser Datierungsfrage.

Der Galaterbrief ist adressiert an die „Gemeinden in Galatien" (Gal 1,2); er nennt seine Leser „Galater" (3,1).

Der Hafen von Seleucia in Syrien war für Paulus Ausgangs- und Endpunkt der ersten Missionsreise (Apg 13,4).

Aufgrund dieser Bezeichnung könnten wir vermuten, bei den Empfängern handle es sich um einen keltischen Volksstamm dieses Namens aus der Gegend des heutigen Ankara (Türkei), nach dem auch ein altes Königreich dort benannt war. Damit ergäbe sich aber folgendes Problem: Aus der Apostelgeschichte wissen wir, daß Paulus die Galater erst auf seiner zweiten und dritten Missionsreise besuchte (Apg 16,6; 18,23). In diesem Fall konnte er ihnen unmöglich schon im Jahre 48 einen Brief geschrieben haben.

Außerdem wird behauptet, der Galaterbrief ähnele stark dem Römerbrief; und dieser wurde – daran besteht kein Zweifel – erst gegen Ende der dritten Missionsreise geschrieben. Wäre es aus diesen Gründen nicht

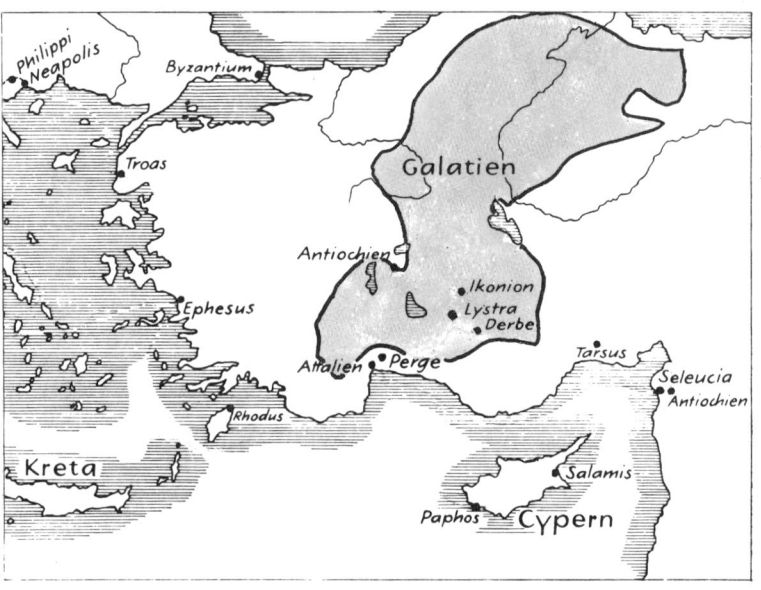

wahrscheinlicher, daß der Galaterbrief an Leute in Nordgalatien gerichtet war und erst zwischen 56 und 58 n. Chr. geschrieben wurde? Tatsächlich wird diese Meinung oft vertreten. Die frühe Datierung, die wir selbst vorgeschlagen haben, wird nur von einer Minderheit unterstützt, zu der allerdings einige hervorragende Theologen gehören.

Sir William Ramsey war der erste von ihnen. Er führte zu Beginn unseres Jahrhunderts in dem Gebiet Kleinasiens, von dem wir hier sprechen, ausgedehnte archäologische Untersuchungen durch. Im Verlauf dieser Forschungen entdeckte er, daß die *Römische Provinz* Galatien nicht nur das alte Königreich Galatien im Norden von Kleinasien umfaßte, sondern auch das südliche Gebiet Lykaonien (Südgalatien), wo Paulus auf seiner ersten Missionsreise gepredigt hatte und wo er auch die Gemeinden von Lystra, Derbe und Ikonium gründete. Wenn wir diese Entdeckung als Beweis akzeptieren, dann könnte es tatsächlich so sein, daß der Galaterbrief im Jahre 48 an die Gemeinden geschrieben wurde, die Paulus auf seiner ersten Missionsreise besucht hatte.

Das zweite Argument, daß nämlich der Galaterbrief thematisch sehr dem Römerbrief ähnele und von daher später zu datieren sei, steht auf recht schwachen Füßen. Wir sagten schon, daß Paulus fortwährend zur Auseinandersetzung mit den gesetzestreuen Juden gezwungen war.

Der Galaterbrief

Bisher haben wir lediglich über Randfragen gesprochen wie geographische Lage der Provinz Galatien und Datierung des Galaterbriefes. Viel wichtiger sind jedoch die theologischen Aussagen des Paulus. Obwohl der Galaterbrief nicht außer-

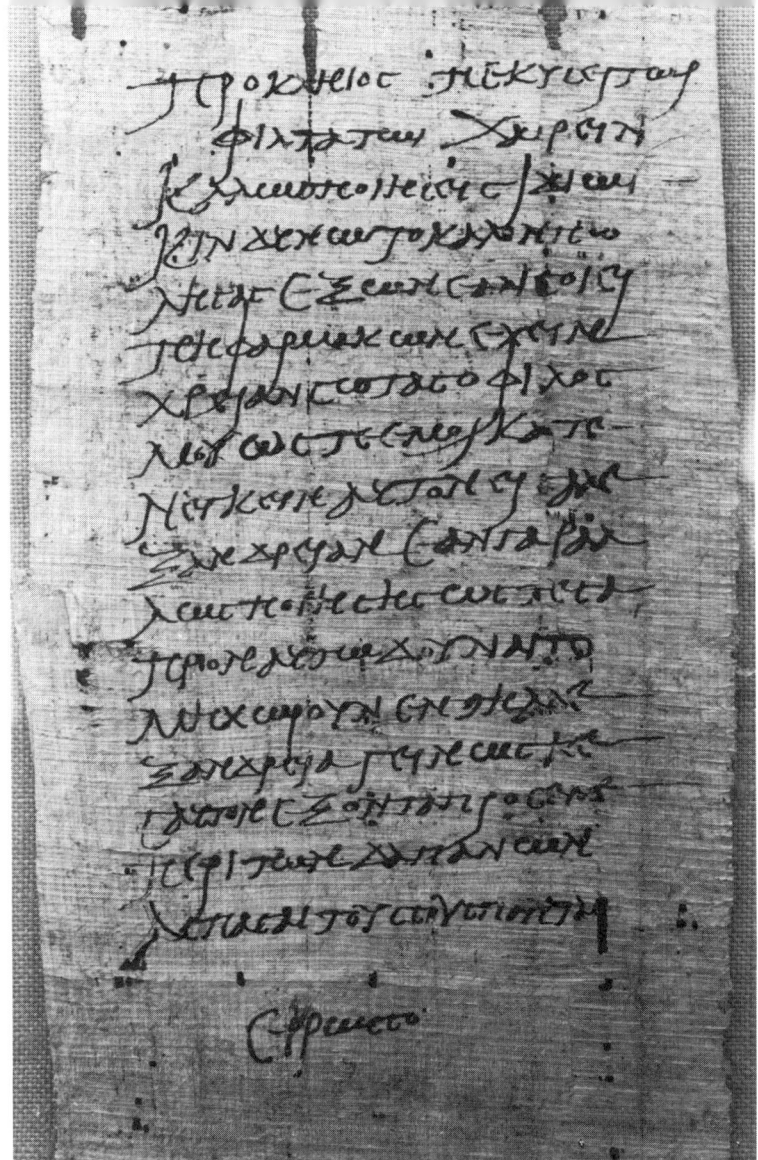

Die Briefe des Paulus sind ähnlich aufgebaut wie die üblichen Briefe seiner Zeit. Dieses Schreiben in Griechisch wurde im 1. Jh. auf Papyrus geschrieben. Der Brief beginnt: „Prokleios an seinen guten Freund Pekysis; viele Grüße."

gewöhnlich lang oder kompliziert ist, haben wir doch einige Schwierigkeiten, ihn zu verstehen. Der Grund dafür liegt teilweise darin, daß Paulus den Brief mitten in einer heftigen Auseinandersetzung geschrieben hat. Unter solchen Umständen formuliert man weniger bedachtsam als in ruhigeren Momenten. Außerdem ist das Thema recht kompliziert und folglich auch die Ausdrucksweise. Immer wieder führt Paulus bei seiner Darlegung der Grundsätze von Freiheit und Gleichheit innerhalb der christlichen Gemeinschaft Zitate aus dem Alten Testament an; und das tut er in großer Freiheit (vgl. „Paulus und die jüdische Tradition"). Nacheinander geht Paulus auf die drei falschen Ansichten ein, die von den „Judaisten" bei ihren Besuchen in den Gemeinden verbreitet wurden.

Woher nahm Paulus seine Autorität?

Als erstes hatten die Judaisten behauptet, Paulus sei gar kein richtiger Apostel. Da er nicht von den Verantwortlichen in Jerusalem bestätigt worden sei, habe er auch kein Recht, jungen Christen irgendwelche Anweisungen zu geben. Seine Worte verdienten deshalb keine Aufmerksamkeit. Die Entgegnung des Paulus finden wir in Gal 1,10–2,21. Er stellt eindeutig klar, daß er weder von Jerusalem noch von anderswo eine Bevollmächtigung brauche, da er dem auferstandenen Christus begegnet sei.

Die anderen Apostel (außer Jakobus, siehe 1.Kor 15,7) waren alle schon während der Erdenzeit Jesu seine Jünger gewesen. Doch Paulus fühlte sich ihnen in dieser Beziehung nicht unterlegen, denn auch er war Jesus von Angesicht zu Angesicht begegnet. Und diese Begegnung gab ihm seine Bevollmächtigung zum Apostel (Gal 1,11–12). Bei seinen mehrmaligen Besuchen in Jerusalem hatte er es bisher auch nicht für nötig erachtet, die anderen Apostel um eine Bestätigung zu bitten. Ebensowenig hatten sie jemals angedeutet, daß er eine solche Erlaubnis benötige (1,18–2,10).

Im Gegenteil: ,,Als sie sahen, daß mir das Evangelium an die Heiden anvertraut war so wie Petrus das Evangelium an die Juden…, und als sie die Gnade erkannten, die mir gegeben war (durch meine Begegnung mit dem auferstandenen Christus), gaben Jakobus, Kephas und Johannes… mir und Barnabas die rechte Hand. Sie wurden mit uns einig, daß wir unter den Heiden, sie aber unter den Juden predigen sollten…" (Gal 2,7–9).

Die Ereignisse in Antiochia waren der endgültige Beweis dafür, daß Paulus in keiner Weise dem Petrus (Kephas) unterstellt war, obwohl Petrus im Apostelkreis als Erster unter Gleichen galt. Als er den gemeinsamen Mahlzeiten mit den Heidenchristen in Antiochia nur deshalb fernblieb, weil einige Judenchristen aus Jerusalem eingetroffen waren, zögerte Paulus keinen Augenblick, ,,ihm Auge in Auge" entgegenzutreten (2,11). Petrus hat diese Zurechtweisung angenommen.

Die Christen und das Gesetz des Alten Testaments

Nachdem Paulus die bösartigen Angriffe auf seine Glaubwürdigkeit als Apostel abgewehrt hat, ruft er die Galater auf, sich doch an ihre eigenen Erfahrungen zu halten. Damit wendet er sich der zweiten irreführenden Behauptung der Judaisten zu: Wie ihr selbst wißt, habt ihr den Heiligen Geist – das Zeichen der wahren Christen – nicht empfangen, weil ihr dem Gesetz des Alten Testaments Folge geleistet hättet, sondern weil ihr zum Glauben an Christus gekommen seid (Gal 3,1–5).

Damit sind wir mitten in der Auseinandersetzung mit einer anderen Lehre der Judaisten. Im Alten Testament wird die Verheißung des messianischen Königtums Abraham und seinen Nachkommen gegeben (1.Mose 17,7–8). *Daraus folgerten die Judaisten, daß jeder, der zu diesem messianischen Königreich gehören wolle, ein Glied der Familie Abrahams werden müsse, und zwar durch die Beschneidung und durch die ständige Beachtung des alttestamentlichen Gesetzes* (1.Mose 17,9–14). Paulus antwortet auf dreifache Weise, wobei er selbst auf das Alte Testament zurückgreift:

● In Gal 3,6–14 weist er darauf hin, daß der Segen, der dem Abraham versprochen wurde, auch denen zukommt, „die aus dem Glauben leben" (Vers 9). Abraham glaubte an Gott, und dieser Glaube war der Grund dafür, daß er bei Gott Wohlgefallen fand (1.Mose 12,1–4; siehe auch Hebr 11,8–12 und 17–18). Die aber, „die aus den Werken des Gesetzes leben, die sind unter dem Fluch" (Gal 3,9). So beweisen sowohl die tägliche Erfahrung als auch das Alte Testament, daß es in der Praxis unmöglich ist, durch Einhaltung des Gesetzes vor Gott gerecht zu werden.

● Aber war nicht das Gesetz die höchste Offenbarung Gottes im Alten Testament? Stellte es nicht alle anderen Offenbarungen, die bis dahin geschehen waren, in den Schatten? „Nein", sagt Paulus. Da das Gesetz (oder die „Thora") erst lange nach Abrahams Zeit gegeben wurde, konnte es unmöglich ein Versprechen außer Kraft setzen, das Abraham von Gott erhalten hatte. Die dem Abraham gegebene Verheißung des „Erbes" wurde nicht durch das Gesetz abgelöst (Vers 8); das Gesetz diente nach Gottes Plan einem ganz anderen Zweck:

Es sollte zunächst die Sünde als eine Verfehlung gegen Gott verdeutlichen (Gal 3,19; siehe auch Röm 4,15 und 5,13). Bevor den Menschen das Gesetz gegeben wurde, kannten sie nur das „Gesetz der Natur", ihr Gewissen. Nachdem aber durch Mose das Gesetz gegeben worden war, konnte kein Zweifel mehr herrschen über Recht und Unrecht.

Zweitens sollte das Gesetz dem Menschen als „Zuchtmeister" (Erzieher) dienen, „bis Christus kam, damit wir durch den Glauben gerecht würden" (Gal 3,24). Die Menschen mußten erkennen, daß es ihnen nicht möglich ist, aus eigener Kraft nach Gottes Willen zu leben. So wurde das Kommen Jesu und die Erlösung „aus Gnade" vorbereitet.

● Paulus führt die Argumentation nun zu ihrem logischen

Schluß (Gal 3,25–4,7). Das alttestamentliche Gesetz war nur so lange gültig, „bis der Nachkomme da ist, dem die Verheißung gilt" (Vers 19). Der „Nachkomme" ist da; er kam in der Gestalt Jesu Christi! Damit ist die Zeit des Gesetzes beendet, und diejenigen, die an ihn glauben, sind frei vom Gesetz. Bisher hatten sie „unter der Knechtschaft der Mächte dieser Welt" (zu denen auch das Gesetz gehörte, Kap.4,3) gestanden. Nun aber sind sie Söhne und Erben der Verheißung, die Abraham empfangen hatte (4,4–7).

Freiheit und Gesetzlichkeit

Mit ihrem Versuch, sich unter das Gesetz zu stellen und die jüdischen Feiertage einzuhalten, machten die Galater im Grunde das rückgängig, was Gott für sie in Christus bereits getan hatte. Paulus befürchtete, daß in diesem Fall alle seine Bemühungen umsonst gewesen sein könnten (4,8–11). Aus diesem Grund setzte er sich auch noch mit einem weiteren Argument der judaistischen Lehrer auseinander. Diese hatten mit der „Heiligen Schrift" belegt, daß ein Christ die Thora lesen und sich beschneiden lassen müsse. Wiederum antwortet Paulus auf dreifache Weise:

● Er geht erneut auf die Stellung des Gesetzes ein (Kap. 4,21–5,1), und erneut beruft er sich auf die Abrahamgeschichte. Diesmal bedient er sich des Berichtes, in dem Sarah (eine „freie" Frau) die Sklavin Hagar davonjagt. Dieses, so sagt er, ist ein Bild, an dem uns die Überlegenheit der guten Botschaft von Jesus Christus über die Knechtschaft unter dem jüdischen Gesetz deutlich wird.

● Paulus beantwortet auch die Frage nach der Beschneidung (5,2–12). Er macht deutlich, daß die Beschneidung für den Christen wertlos ist. Seine Stellung vor Gott hängt nicht von solchen Zeichen ab, sondern von dem „Glauben, der durch die Liebe tätig ist" (Kap. 5,6). Für die Galater hätte eine Beschneidung die Verleugnung all dessen bedeutet, was Christus für sie bereits getan hatte (Kap.5,2). Außerdem verpflichtete sie dazu, dann auch das ganze Gesetz zu befolgen (Kap.5,3). Und genau das hatte Paulus gerade von sich gewiesen. Denn die Erfahrung hatte ja gezeigt, daß die Befolgung des Gesetzes nicht den Weg zum Heil ermöglichte. Das „Joch der Knechtschaft" (5,1), das Beschneidung und Gesetz mit sich bringen, kann sich unmöglich mit der von Christus geschenkten Freiheit messen.

● Paulus beschäftigt sich auch mit der Frage nach christlichen Verhaltensweisen (Gal 5,13–6,10). Die Juden unterschieden sich in einem Punkt ganz deutlich von den andern Völkern der antiken Welt: Sie verfügten über außerordentlich hohe ethische Maßstäbe als Folge der strengen Beachtung des alttestamentlichen Gesetzes. Die judaistischen Lehrer hatten bei ihrem Besuch in Galatien behauptet, daß auch Christen nur durch das jüdische Gesetz Richtlinien für ihre Lebensführung bekommen könnten. Wenn sie das Gesetz nicht beachteten, würde es zwischen ihnen und ihrer Umwelt bald keinerlei Unterschiede mehr geben. Damit rührten sie an ein heikles Problem, das nicht so leicht zu lösen war.

Paulus hatte den Christen von Galatien folgendes erklärt: Wenn sie den auferstandenen Christus als Herrn ihres Lebens akzeptierten, würde der Heilige Geist in ihnen ein Leben bewirken, das dem Leben Christi ähnlich sei. So sind wohl seine Worte in Kap.2,20 zu verstehen: „Nun lebe nicht mehr ich, sondern Christus lebt in mir. Solange ich aber in diesem Leib lebe, lebe ich im Glauben an den Sohn Gottes, der mich geliebt und sich selbst für mich dahingegeben hat."

Um den Anschuldigungen der Judaisten den Wind aus den Segeln zu nehmen, trifft Paulus vier wichtige Feststellungen:

1. (Kap.5,13–15): „Freiheit in Christus" bedeutet nicht, daß man frei ist, alles zu tun, was man will. Sie ist vielmehr die Freiheit, einander in Liebe zu dienen. Es ist das Ziel des Heiligen Geistes, in einem Christen einen christusähnlichen Charakter zu schaffen; und daher kann ein Christ im Gebrauch seiner Freiheit diesem Ziel nicht zuwiderhandeln.

2. (Kap.5,16–26): Obwohl das Evangelium keine Liste von Dingen aufstellt, die man tun und die man nicht tun darf, gilt doch das Wort: „Die aber Christus Jesus gehören, die haben ihren Eigenwillen samt allen Leidenschaften und Begierden gekreuzigt" (5,24). Das Leben eines Christen wird also gemessen an der Frucht des Geistes (5,22). Die Anforderungen, die Christus stellt, sind weit radikaler als alles, was Menschen an Regeln und Vorschriften von außen aufgezwungen werden könnte. Die Persönlichkeit eines Christen wird von innen her völlig umgewandelt, revolutioniert. Seine Einstellung zu den Dingen, sein ganzes Verhalten wird verändert. Jesus selbst hatte dies gelehrt: „Ein guter Baum kann nicht schlechte Früchte bringen, und ein fauler Baum kann nicht gute Früchte bringen" (Mt 7,18).

3. (Kap.6,1–6): Christen sollen sich davor hüten, über andere zu urteilen. Sie sollen erkennen, daß sie aus sich heraus nicht die moralische Stärke haben, das Richtige zu tun, es sei denn durch die Kraft des Heiligen Geistes. Christen sollen „das Gesetz Christi erfüllen", indem einer „des andern Last" trägt (6,2). Das ist etwas ganz anderes, als mit eigener Kraft Vorschriften einzuhalten, die einem von außen auferlegt werden.

4. (Kap. 6,7–10): Paulus faßt seine Ratschläge zusammen.

Damit die „Ernte des ewigen Lebens" reifen kann, dürfen die Christen nicht auf Eigenwillen, Selbstsucht und eigene Befriedigung säen, sondern auf den Geist Gottes – ihr neues Leben durch Jesus Christus.

In Kap. 6,11–18 schließlich richtet Paulus einen letzten Appell an seine Leser. Er führt noch zwei weitere Argumente gegen seine Gegner ins Feld, denen er zwei Aussagen aus seiner eigenen Glaubenspraxis anfügt.

Seine Gegner waren trotz ihrer hohen Ansprüche geistlich bankrott (6,12). „Die vor Menschen etwas gelten wollen..."; genau das hatte Paulus vorher verurteilt (Gal 6,8: „Wer auf Eigenwillen und Selbstsucht sät, der wird von ihnen das Verderben ernten"). Darüber hinaus waren sie auch noch inkonsequent. Obgleich sie auf so äußerliche Zeichen wie die Beschneidung großen Wert legten, waren sie nicht bereit, sich der geistlichen Disziplin zu unterwerfen, die nun einmal zur Einhaltung des alttestamentlichen Gesetzes nötig war.

Die Wahrheit, die der auferstandene Christus geoffenbart hatte, ist allen äußeren Vorschriften weit überlegen; das wußte Paulus. Deshalb schreibt er zum Schluß: Die einzige Sache, wegen der man sich wirklich vor Gott rühmen könne, sei das „Kreuz unseres Herrn" und die Tatsache, daß der Christ durch das Kreuz Christi „der Welt gekreuzigt" sei.

Wenn ein Mensch des ersten Jahrhunderts das Wort „Kreuz" benutzte, dann meinte er nur eines: den Tod. Davon spricht auch Paulus, wenn er sagt, daß die Christen das Kreuz Christi teilen (Gal 2,20). Er drängt sie nicht zu einem Märtyrerdasein; er sagt nur, daß ein Christ selber sterben muß. Er muß aufhören, Ansprüche auf sein Leben zu erheben, und er muß Jesus Christus als Erlöser und Herrn über jeden Bereich seines Lebens akzeptieren. Einzig und allein diese „neue Kreatur" hat in Gottes Augen einen Wert; und nur sie ist das Merkmal der Zugehörigkeit zu dem „Israel Gottes" (Gal 6,14–16).

So also setzte sich Paulus mit den Problemen der Gemeinden von Galatien auseinander. Wenn wir alles bisher Gesagte in einem Satz zusammenfassen wollen, ja, wenn wir die ganze Überzeugung des Paulus in einem Satz wiedergeben wollen, dann müssen wir Gal 6,15 lesen: „Denn in Christus Jesus gilt weder Beschneidung noch Unbeschnittensein etwas, sondern nur die neue Schöpfung."

Das Apostelkonzil

Auf dem Konzil von Jerusalem im Jahre 49 hat Paulus gewiß die gleichen Argumente vorgebracht. Nach der Apostelgeschichte mußte sogar Jakobus – vermutlich der „jüdischste" der Jerusalemer Gemeindeleiter – die Wahrheit dieser Argumente anerkennen. Denn schließlich wurden sich die Apostel darin einig, daß kein wichtiger Lehrgrundsatz davon berührt wurde. Aber nach wie vor gab es keine Lösung für die einfache und praktische Frage, wie Juden und Nichtjuden sich an einem Tisch zusammenfinden könnten (dazu gehörte auch die Feier des Abendmahls).

Um dieses zu ermöglichen, machten die Leiter der Judenchristen folgenden Vorschlag: Die Heidenchristen sollten sich gewisser Dinge enthalten, die für die Judenchristen besonders anstößig waren, wie zum Beispiel das Essen von heidnischem Opferfleisch oder von Fleisch, das nicht ausgeblutet war. Außerdem sollten sie keine heidnischen Hochzeitsbräuche mitmachen, die im Widerspruch zum jüdischen Gesetz standen.

Diese Abmachung wurde von Paulus akzeptiert. Aber es war ein Kompromiß, und Kompromisse sind nur in den seltensten Fällen wirklich erfolgreich. Auch dieser scheint keine Ausnahme gewesen zu sein, denn als sich Paulus in der Gemeinde von Korinth wieder vor die gleichen Probleme gestellt sah, bezog er sich mit keiner Silbe auf die Abmachungen des Aposteldekrets; er fing mit seiner Argumentation von vorne an.

Randnotizen:
Apg 15,6–21
Apg 15,6–11
Apg 15,19–21 u. 28–29
1. Kor 8,1–13; 10,19–11,1

Warum akzeptierte Paulus das Dekret des Konzils?

Das Aposteldekret wirft noch ein weiteres Problem auf, das jedoch nicht ganz einfach zu lösen ist. Wenn es stimmen würde, daß Paulus den Brief an die Galater kurz vor dem Konzil geschrieben hat, dann hätte er nach Apg 15 auf dem Konzil genau das getan, was er kurz vorher in seinem Brief so entschieden abgelehnt hatte: Er bejahte eine Art „Gesetz" für die Heidenchristen, wenn auch nur in wenigen Punkten.

Als eine Lösung bietet sich die Vermutung an, *das Apostelkonzil habe nie wirklich stattgefunden.* Demnach hätte Lukas das Ganze erfunden, um damit zu zeigen, daß sich die jüdische mit der nichtjüdischen Gruppe in den ersten Jahren der Kirchengeschichte vereinigte. Diese Ansicht wird hauptsächlich deswegen vertreten, weil man glaubte, den Bericht aus der Apostelgeschichte und den aus Gal 1–2 nicht miteinander in Einklang bringen zu können. Wir haben schon gesehen, daß dies aber keine wirkliche Schwierigkeit ist. Deshalb brauchen wir auch nicht anzunehmen, Lukas habe unwissentlich oder mit Absicht den Bericht über das Konzil verfälscht. Denn Lukas erweist sich als hervorragender Historiker. Das zeigt sich dort, wo seine Berichte mit anderen Quellen verglichen werden können. Deshalb haben wir keinen Grund, seine Verläßlichkeit an dieser Stelle anzuzweifeln.

Eine zweite Lösung ist die Vermutung, *das Dekret sei nur an eine relativ kleine und örtlich begrenzte Gruppe von Gemeinden gerichtet gewesen;* hauptsächlich an die

Gemeinden, die in Apg 15,36–16,5 erwähnt werden. Wenn das stimmen würde, hätten wir auch eine Erklärung dafür, warum Paulus das Dekret im Korintherbrief nicht zitiert hat.

Am wahrscheinlichsten ist aber die Annahme, daß *Paulus im Grunde seines Herzens ein auf Versöhnung bedachter Mann war.* Er hatte im Galaterbrief seine Meinung unmißverständlich kundgetan, und er hatte die theologische Debatte in Jerusalem gewonnen. Nun fand er sich eben mit der Einsicht ab, daß Judenchristen und Heidenchristen in den örtlichen Gemeinden zusammenleben mußten, gleichgültig welche theologischen Unterschiede es zwischen ihnen gab. Die Abmachung, auf die sich alle geeinigt hatten, bot dafür Mittel und Wege.

Immer wieder wird uns auffallen, wie Paulus sich innerhalb der Gemeinden darum bemühte, Leute, die sich seiner persönlichen Meinung nicht anschließen konnten, zu beschwichtigen (siehe auch 1.Kor 9,19–23). Er hatte eingesehen, daß eine gespaltene Gemeinde der nichtchristlichen Welt ein armes Zeugnis bot. Daher erschien ihm das Aposteldekret zum damaligen Zeitpunkt als die beste Lösung für ein schwieriges Problem.

4. Paulus als Missionar

Wieder in Galatien   58

Weiter nach Europa   59

Philippi   59

Paulus im Gefängnis   60

Athen   61

Korinth   64

Paulus und Gallio   66

Paulus schreibt an die Gemeinde von Thessalonich   66

Der erste Brief an die Thessalonicher   67

Der zweite Brief an die Thessalonicher   70

Nach dem bedeutsamen Treffen mit den Leitern der Jerusalemer Gemeinde machte sich Paulus wieder auf den Weg. Er war fest entschlossen, das Römische Reich im Namen Jesu Christi zu revolutionieren.

Seine zweite Missionsreise begann er mit einem neuen Begleiter. Paulus hatte sich geweigert, den Vetter des Barnabas, Johannes Markus, der sie auf ihrer ersten Reise im Stich gelassen hatte, noch einmal mitzunehmen. Aus diesem Grund

Apg 15,36–40   kam auch Barnabas nicht mit ihm. Aber Paulus fand in Silas einen neuen Helfer. Dieser gehörte zu den Männern, die nach Antiochia geschickt worden waren, um den Gemeinden dort

Apg 15,30–33   die Beschlüsse des Jerusalemer Konzils zu erklären.

Im Laufe dieser neuen Reise sollte Paulus neben Silas noch

Apg 16,1–3.10–12   zwei weitere Helfer finden: Timotheus, der sich ihnen in Lystra anschloß, und Lukas, der in Troas zu ihnen stieß.

Wieder in Galatien

Zunächst besuchte Paulus einige der Gemeinden, die er während seiner ersten Reise in Südgalatien gegründet hatte. Seit der Auseinandersetzung mit den Judaisten hatte er das beabsichtigt. Er wird die Gelegenheit benutzt haben, ihnen zu erklären, daß zwar alle Christen von den Forderungen des jüdi-

Apg 16,4   schen Gesetzes frei seien, daß es aber dennoch aus Rücksicht auf die Judenchristen gut sei, den in Jerusalem gefundenen Regeln zuzustimmen.

Danach reisten Paulus und Silas mit Timotheus weiter. Sie

Apg 16,16   wanderten durch Phrygien und Galatien – und dieses Mal vielleicht auch nach Nordgalatien. Auf dem Reiseplan des Paulus standen die römische Provinz Asia, genauer gesagt das Gebiet um Ephesus im Westen von Kleinasien und Bithynien, eine Provinz, die im Norden an das Schwarze Meer angrenzte. Doch beide Vorhaben wurden ihnen „vom Heiligen Geist verboten" (wir wissen nicht, auf welche Weise). So gingen Paulus und seine Begleiter weiter nach Troas, dem alten

Eines Nachts sah Paulus in einer Vision einen Mann aus Mazedonien, der sagte: „Komm herüber und hilf uns." In dieser lateinischen Inschrift aus Philippi taucht der Name Mazedonien auf.

Troja, das in dem Europa am nächstgelegenen Teil Kleinasiens lag.

Weiter nach Europa

Eines Nachts hatte Paulus eine Vision: Vor ihm stand ein Mann aus Mazedonien, der ihn um Hilfe bat. Paulus erkannte darin den direkten Hinweis Gottes, das Ägäische Meer zu überqueren und nach Europa zu gehen. Es war nicht das erste Mal, daß christliche Missionare nach Europa reisten, denn Paulus schrieb zu einem späteren Zeitpunkt an eine große und blühende Gemeinde in Rom, die nicht durch seine Arbeit entstanden war. Dennoch brachte das Betreten des europäischen Kontinents Paulus seinem Ziel einen großen Schritt näher, die gute Botschaft von Jesus Christus im ganzen Römischen Reich zu verbreiten.

Apg 16,9–10

Philippi

Die erste Station auf der Reise durch Europa war die Stadt

Apg 16,13 Philippi. Sie lag im Nordosten von Mazedonien und war eine römische Siedlung, deren Bevölkerung hauptsächlich aus altgedienten Soldaten der römischen Armee bestand. Paulus folgte auch in dieser Stadt, deren Bevölkerung größtenteils Heiden waren, seiner früheren Gewohnheit, zuerst die Juden an ihrem Versammlungsort aufzusuchen; in diesem Fall war das eine Stelle am Fluß Gangites, wo einige jüdische Frauen zum Gebet zusammenkamen. Es gab so wenig Juden in Philippi, daß sie nicht einmal eine Synagoge besaßen.

Unter den Zuhörern dort am Fluß war auch Lydia. Sie stammte aus Thyatira, einer Stadt in jener Gegend Kleinasiens, die dem ursprünglichen Reiseziel des Paulus entsprach. Es ist sehr gut möglich, daß Lydia die christliche Botschaft in ihre Heimatstadt brachte. Jedenfalls entstand schon bald in Offb 2,18–29 Thyatira eine große Gemeinde.

Der Glaube an Christus bewirkte eine völlige Umwandlung im Leben dieser Frau. Gesellschaftlich nahm sie eine hohe Stellung ein, aber das hinderte sie nicht daran, Paulus und seinen Freunden ihr Haus zu öffnen, das bald zu deren Hauptquartier wurde.

Ein Ereignis in Philippi zeigt deutlich, warum der christliche Glaube im ganzen Römischen Reich auf so viel Feindschaft stieß. Paulus wurde in Philippi ständig von einer Sklavin belästigt, die als Medium wahrsagte. Damit brachte sie ihren Besitzern viel Geld ein.

Paulus kannte die Verheißung Jesu, „die Gebundenen zu befreien". Er hatte immer wieder erklärt, daß Christen von den Fesseln des jüdischen Gesetzes und den Bindungen der gesellschaftlichen Stellung befreit sind. Wieviel mehr aus der Apg 16,16–18 Sklaverei der Dämonen! Also heilte Paulus diese Frau im Namen Jesu Christi. Darüber wurden ihre Besitzer so wütend, daß sie Paulus und Silas des öffentlichen Aufruhrs anklagten, mit der Behauptung, sie würden neue Sitten einführen, die Apg 16,19–21 gegen das römische Recht verstießen.

Paulus im Gefängnis

Wenn irgend etwas einen römischen Beamten zum Handeln veranlaßte, dann war es die Behauptung, jemand zettele einen öffentlichen Aufruhr an. Auch in diesem Fall war es nicht anders. Paulus und Silas wurden kurzerhand ausgepeitscht und in das Gefängnis geworfen. Aber sie verbrachten die Zeit dort damit, Gott laut für seine Güte zu preisen.

In der Nacht hob ein Erdbeben die Türen des kleinen Gefängnisses aus den Angeln. Aber keiner der Gefangenen floh.

Noch in derselben Nacht kam der Gefängnisaufseher durch

Die Stadt Philippi war als römische Kolonie mit besonderen Rechten ausgestattet, und ihre Einwohner waren stolz darauf, Römer zu sein (Apg 16,20). Der eingemeißelte Stadtname ist in diesem Steinblock gut lesbar.

das Zeugnis von Paulus und Silas zum Glauben an Jesus, er und sein ganzes Haus.

Die städtische Behörde versuchte am nächsten Tag, die beiden Gefangenen stillschweigend abzuschieben. Aber Paulus pochte nun auf sein Recht als römischer Bürger und verlangte eine förmliche Entschuldigung. Auf die neu entstandene kleine Christengemeinde sollte kein Makel fallen. Danach verließ Paulus Philippi. Nur Lukas blieb zurück, um sich um die jungen Christen zu kümmern.

Apg 16,22–40

Die nächsten Stationen auf der Reise waren Thessalonich und Beröa, in denen es jeweils große jüdische Gemeinden gab. In beiden Städten bekannten sich bald viele zu Christus; aber es gab auch viel Feindschaft von Seiten der Juden. Diese schienen es besonders auf Paulus abgesehen zu haben, den früheren Pharisäer. Während Silas und Timotheus bleiben konnten, mußte er aus Sicherheitsgründen nach Athen weiterreisen.

Apg 17,4–15

In Athen

So kam Paulus nach Athen, dem geistigen Zentrum der antiken Welt. Es hatte zu der Zeit zwar viel von der früheren politischen Bedeutung verloren; aber seine Universität genoß nach wie vor einen guten Ruf. Viele junge Römer wurden nach Athen geschickt, um Philosophie zu studieren oder Eingang in eine der vielen orientalischen Mysterienreligionen zu finden, die in Athen heimisch geworden waren. Die Athener selbst hatten nichts von ihrer Lust am Diskutieren verloren. Sobald bekannt wurde, daß der Lehrer einer neuen Religion aus dem Osten angekommen sei, riefen sie diesen – es war kein anderer als Paulus – vor den Gerichtshof des Areopag. Die Verantwortlichen des Areopag waren offensichtlich der

Athen war als Hauptstadt Griechenlands eine der berühmtesten Stätten der Weisheit und der Kunst. Die Stadt wird von der Akropolis überragt. Hier bauten die Griechen ihren Göttern Heiligtümer. Trotzdem verkündete Paulus in Athen seinen Zuhörern den „unbekannten Gott" (Apg 17,23).

In Neapolis in Mazedonien betrat Paulus zum ersten Mal europäischen Boden (Apg 16,11). Hier war der Ausgangspunkt der berühmten römischen Via Egnatia, einer Straße, die über Philippi und Thessalonich bis nach Achaja führte.

Korinth lag auf der Landenge, die das nördliche Griechenland mit dem Peloponnes verbindet. Sein Hafen Kenchreä bildete den wichtigsten Umschlagplatz für den Handel. Korinth war eine Weltstadt und seine Sittenlosigkeit sprichwörtlich.

Meinung, daß es zu ihren Pflichten als Stadtvätern gehörte, sich auch für Philosophie zu interessieren.

Apg 17,22–31
Apg 14,15–17
In seiner Rede an die Athener ging Paulus anders als gewohnt vor. Nur zu den Heiden von Lystra hatte er in ähnlicher Weise gesprochen. Bei Juden oder nichtjüdischen „Gottesfürchtigen" konnte er das Alte Testament als Grundlage für das Gespräch benutzen, indem er darauf hinwies, daß sich die dort gegebenen Verheißungen im Leben, Sterben und Auferstehen Jesu erfüllt hatten. In Athen aber benutzte er das den Griechen vertraute Bild von Gott als dem Schöpfer, Wohltäter und dem im Kosmos „Gegenwärtigen". Er sprach von der Suche des Menschen nach Gott, der „nicht ferne ist von einem Apg 17,27 jeden unter uns", eine Aussage, die er durch Zitate der griechischen Dichter Epimenides und Aratus untermauerte.

Paulus verurteilte die Verehrung vieler Götter, der er überall in Athen begegnete, als eine Form der Unwissenheit. Er benutzte dazu Argumente, von denen man glaubt, daß sie seit den Tagen des Xenophanes im 6. Jahrhundert v. Chr. in der griechischen Philosophie angewendet wurden. Die gleichen Argumente hatten schon jüdische Missionare vorgebracht, die damit ihren monotheistischen Glauben (der Glaube an nur einen Gott) bekräftigen wollten. Darüber hinaus gibt es hier auch Parallelen zu dem frühchristlichen Evan- Apg 7,48–50 gelisten Stephanus.

Nachdem Paulus die Verehrung der vielen Götter verurteilt hatte, forderte er seine Zuhörer auf, Buße zu tun und den Apg 17,30 einen, wahren Gott anzubeten.

Bis dahin waren seine Worte auf eine vorwiegend wohlmeinende Zuhörerschaft gestoßen. Zum Ende seiner Rede kommt Paulus dann aber auf das Jüngste Gericht und die Auferstehung Jesu zu sprechen. An dem Punkt verstanden die Athener allerdings keinen Spaß mehr. Hier predigte Paulus nicht die platonische Lehre von der Unsterblichkeit der Seele, sondern den Glauben an die Auferstehung des Leibes; und das war für gebildete Griechen abwegig und abstoßend. Doch Apg 17,34 auch in Athen kamen einige zum Glauben an Jesus Christus.

Korinth

In Korinth wohnte Paulus bei dem Zeltmacher Aquila und dessen Frau. Neben den vielen Aufgaben als Verkündiger des Wortes Gottes verdiente auch er seinen Lebensunterhalt in diesem Beruf.

Danach zog Paulus nach Korinth, einer alten griechischen Stadt, die 46 v. Chr. als römische Siedlung wiederaufgebaut worden war. Korinth war ein blühendes Handelszentrum, hatte aber auch den Ruf als eine Stadt, in der alle Laster blühen.

Während der nächsten achtzehn Monate blieb Paulus hier. In dieser Zeit schloß er mit dem Zeltmacher Aquila und des-

sen Frau Priscilla Freundschaft und arbeitete bei ihnen. Wie gewöhnlich begann er mit seiner Missionsarbeit in der jüdischen Synagoge, die er aber verließ, als auch hier der jüdische Widerstand einsetzte. Danach wurde das Haus eines neugewonnenen Christen zu seiner Ausgangsbasis. Dieser hieß Titius Justus und wohnte direkt neben der Synagoge. Immer mehr Bewohner Korinths bekannten sich zu Christus. Zu ihnen gehörte auch Crispus, einer der Synagogenvorsteher. So entstand in dieser Stadt eine große und einflußreiche christliche Gemeinde.

Apg 18,7

Apg 18,8

Paulus und Gallio

Nachdem Paulus ungefähr achtzehn Monate in Korinth gearbeitet hatte, verklagten ihn seine fanatischen jüdischen Gegner wegen angeblicher Aufforderung zur Gesetzwidrigkeit. Zu jener Zeit war der Pro-Konsul Gallio, ein Bruder des römischen Dichters und Philosophen Seneca, römischer Stadthalter. Er durchschaute den religiösen Hintergrund dieser Anklage und wies sie ab.

Dies ist eines der Ereignisse im Leben des Paulus, das wir ziemlich genau datieren können. Die Amtszeit des Gallio in Korinth wird in der Kopie eines Briefes an den Kaiser vermerkt, und dieser Brief ist uns als Steininschrift erhalten. Demnach lag die Amtszeit des Gallio in Korinth entweder zwischen 51–52 oder 52–53 n. Chr.

Paulus schreibt an die Gemeinde von Thessalonich

Paulus war noch nicht lange in Korinth, da stießen auch Silas und Timotheus wieder zu ihm. Sie kamen aus Thessalonich und brachten Nachrichten von der dortigen Gemeinde mit. In den sechs Monaten seit ihrer Bekehrung hatten die Thessalonicher durch ihr gutes Beispiel das Evangelium bereits in der ganzen Gegend verbreitet. Aber es gab auch Probleme in der Gemeinde.

1. Thess 1,1–10

Sie war von den Juden angefeindet worden und wurde von manchen Seiten bedrängt. Vielleicht hatte es sexuelle Verfehlungen gegeben, möglicherweise mangelte es am Respekt vor den Leitern der Gemeinde. Offenbar herrschte auch eine ziemliche Verwirrung über das Schicksal der verstorbenen Christen. Paulus hielt es für nötig, nach Thessalonich zu schreiben. Dieser Brief ist uns im Neuen Testament als der erste Brief an die Thessalonicher erhalten.

1. Thess 4,3–8; 5,12–13

Apg 18,18–21

Der erste Brief an die Thessalonicher

Nach der üblichen Einleitung rühmt Paulus seine Leser wegen ihrer Treue gegenüber Christus. Ihr verändertes Leben hatte dem Ansehen der christlichen Botschaft in der heidnischen Umwelt sehr genützt. In Galatien war Paulus noch vorgeworfen worden, seine Botschaft verleite zur Aufweichung der Moral. Genau das Gegenteil war eingetreten. Ganz Mazedonien und Achaja sah den Unterschied zwischen Heiden und Christen (1. Thess 1,2–10).

Paulus und seine „geistlichen Kinder"

Bei ihrem ersten Besuch in Thessalonich hatten sich Paulus und seine Gefährten bemüht, ihre eigene Person nicht in den Mittelpunkt zu stellen. Sie wollten die Aufmerksamkeit ganz auf Christus lenken, und obwohl die Autorität Gottes hinter ihnen stand, folgten sie dem Beispiel ihres Herrn als Diener aller Menschen. „... sondern wir sind unter euch bescheiden aufgetreten. Wie eine Mutter ihre Kinder pflegt, so herzlich waren wir euch zugetan und waren bereit, euch nicht nur am Evangelium Gottes Anteil zu geben, sondern auch an unserm Leben" (2,7–8).

Die Stärke der römischen Militärmacht bestand u. a. in den gut ausgebauten Straßen, auf denen die Soldaten in Eilmärschen an die Front herangeführt werden konnten. Auch der Handel benutzte diese Wege, und Paulus reiste auf der Via Egnatia von Philippi nach Thessalonich.

Dafür wurden sie reichlich belohnt:„...daß ihr das Wort Gottes, das ihr durch unsere Predigt empfangen habt, nicht als Menschenwort aufgenommen habt, sondern als das, was es in Wahrheit ist, als Gottes Wort, das in euch wirkt, die ihr glaubt" (2,13). Diese Erfahrung und die von Silas und Timotheus überbrachten Nachrichten bedeuteten für Paulus in Korinth eine große Ermutigung, denn dort waren die Arbeitsbedingungen schwierig (2,17–3,8).

Trotzdem war der Glaube der Thessalonicher wohl noch nicht ganz so, wie er hätte sein können (3,10). Deshalb versuchte Paulus ihnen aus den Schwierigkeiten herauszuhelfen, von denen Timotheus berichtet hatte.

Wie sollen sich Christen verhalten?

Eine der häufigsten Fragen der jungen Christen war die nach dem persönlichen ethischen Verhalten. In der heidnischen Gesellschaft jener Zeit war Unmoral in allen Schattierungen an der Tagesordnung. Aus dem, was Paulus im ersten Kapitel seines Briefes sagt, können wir schließen, daß es der Mehrheit der Christen in Thessalonich gelungen war, sich von diesem Verhalten zu lösen. Aber noch einmal warnt Paulus in seinem Brief vor der Anpassung an den heidnischen Lebensstil der Umwelt (4,1–8).

Der neue Lebensstil der Christen ist die Liebe: „...denn ihr seid selbst von Gott gelehrt, einander zu lieben. Und so tut ihr auch an allen Brüdern, die in ganz Mazedonien sind" (1.Thess 4,9–10).

Wie sieht die Zukunft für Christen aus?

Eine Sache bereitete der Gemeinde von Thessalonich ganz besondere Schwierigkeiten. Wie die Beziehungen zwischen den Gemeindegliedern aussehen sollten, hatten sie gut verstanden. Was ihnen Sorge machte, war die Ungewißheit darüber, was mit den Christen wurde, die nun gestorben waren. Würden sie bei der Wiederkunft Jesu dabeisein? Paulus war davon überzeugt, daß Christus, der durch das Wirken des Heiligen Geistes in der Gemeinde gegenwärtig ist, eines Tages als Herr der Welt sichtbar in Erscheinung treten würde (4,13–18); und in dieser Überzeugung lag seine Antwort. In der Zwischenzeit sollten sich die Christen aus Thessalonich nicht unnötig über die Toten, die sie geliebt hatten, Sorgen machen: „Denn wenn wir glauben, daß Jesus gestorben und auferstanden ist, so wird Gott auch die Entschlafenen durch Jesus mit ihm zum Leben führen" (4,14).

Paulus erkannte die mögliche Gefahr, die in einer zu starken Betonung des zukünftigen Handelns Gottes lag. Deshalb ermahnte er die Thessalonicher gleichzeitig, ihren Glauben an die Wiederkunft Jesu (Parusie) nicht als eine Entschuldigung für Untätigsein zu nehmen. Einige Leute würden zwar auf „den Tag des Herrn" nicht vorbereitet sein, aber Christen sollten sich nicht damit beschäftigen, „Zeit und Stunde" der Wiederkunft Jesu herausfinden zu wollen (5,1), sondern „ermahnt einander, und einer richte den andern auf, wie ihr auch tut" (5,11).

Thessalonich (heute Saloniki) hatte zur Zeit des Paulus etwa 100 000 Einwohner. Unter ihnen waren viele Juden. Sie zettelten bald einen Aufruhr an, so daß Paulus die Stadt verlassen mußte (Apg 17,5–10). Der Triumphbogen des Galerius, der die Via Egnatia überspannte, bildet heute einen eigentümlichen Kontrast zu den modernen Geschäftsstraßen.

Wie Christen ihr Leben führen

Zum Schluß gibt Paulus seinen Lesern noch eine Reihe von Ratschlägen. Dabei faßt er zusammen, was er zuvor gesagt hatte (5,12–21):

Folgendes sollten die Christen in der Gemeinde tun:

● Jene respektieren, die ihnen Gottes Wort verkündeten – die Ältesten, die vermutlich Paulus selbst in der Gemeinde benannt hatte;

untereinander in Frieden leben (eine Wiederholung und Bestätigung dessen, was er in Kap. 4,9–12 gesagt hatte);

einander im Glauben an Christus ermutigen (5,14).

● In ihrem täglichen Leben sollten sie:

Böses mit Gutem vergelten (5,15) – eines der deutlichsten Merkmale eines Christen (siehe auch Mt 5,44);

allezeit fröhlich sein (5,16).

● In ihrer persönlichen Beziehung zu Gott müssen die Christen:

in ständigem Gebet leben (5,17);

dem Heiligen Geist erlauben, ihr Leben zu bestimmen (5,19–20).

Paulus beschließt den Brief wie immer mit einem Segen, bestellt Grüße und richtet letzte Bitten an seine Leser. Er kannte das Geheimnis des christlichen Glaubens: es liegt im Wirken des lebendigen Herrn im Leben seiner Nachfolger. Daran sollten sich die Christen stets erinnern: „Treu ist er, der euch beruft; er wird's auch tun" (5,24).

Doch schon bald wurden die Thessalonicher von der Bedeutung der Treue Gottes abgelenkt. Sie begannen statt dessen über das nachzugrübeln, was Paulus ihnen über den Verbleib der verstorbenen Christen und über die erwartete Wiederkunft Jesu (Parusie) gesagt hatte. Es dauerte nicht lange, bis Paulus einen weiteren Brief schreiben mußte, um ihnen bei der Klärung neuer Schwierigkeiten zu helfen. Diese rührten wohl zu einem gewissen Teil daher, daß sie einige Passagen des ersten Briefes mißverstanden hatten. Paulus stellt diese in seinem zweiten Brief an die Thessalonicher klar.

Der zweite Brief an die Thessalonicher

In diesem zweiten, kürzeren Brief klärt Paulus drei Punkte:

Die Gemeinde und ihre Feinde

Aus dem, was Paulus in 2.Thess 1,5–12 sagt, können wir schließen, daß die Gemeinde zunehmend verfolgt wurde. Das war zu erwarten gewesen; denn Juden und Römer waren über einen religiösen Glauben solange nicht beunruhigt, wie er seinen Anhängern im Grunde nicht viel bedeutete. Aber der revolutionäre Charakter, den das Leben der Gemeinde in Thessalonich annahm, zog natürlich die Aufmerksamkeit auf sich. Es ist einfach unmöglich, die Welt auf den Kopf zu stellen, ohne damit eine Reaktion hervorzurufen. Paulus erinnert die Christen daran, daß Gott auf ihrer Seite steht und sie am Ende zum Sieg führen wird, auch wenn die Situation im Augenblick schwierig ist.

Die Gemeinde und die Zukunft

Die Gemeinde wurde damals noch von einer raffinierteren Form der „Verfolgung" heimgesucht. Es waren Briefe aufgetaucht, die angeblich von Paulus und seinen Begleitern stammten (2.Thess 2,1–12). Irgendwelche Fanatiker bedienten sich der Autorität, die Paulus genoß, um unter seinem Namen ihre eigenen Ansichten zu verbreiten.

Paulus mußte die Christen in Thessalonich warnen: „Bleibt besonnen, und laßt euch nicht so schnell verwirren oder erschrecken, weder durch eine Weissagung noch durch ein Wort oder einen Brief, die angeblich von uns stammen, als ob der Tag des Herrn schon da sei" (2,2).

Es ist schwierig, die Worte „als ob der Tag des Herrn schon da sei" genau zu deuten. Im ersten Korintherbrief spricht Paulus von Gemeindegliedern, die der Meinung waren, die Auferstehung (die mit dem Ende der Zeit und der Parusie Christi in Verbindung steht) habe schon stattgefunden. Daraufhin hatten sich einige der dortigen Christen einem unmoralischen Lebenswandel hingegeben (1.Kor 15,12–58). Doch es ist schwer, zwischen dieser Gruppe und der oben erwähnten irgendwelche direkten Verbindungen zu ziehen. Jedenfalls betont Paulus, daß die Wiederkunft mit allem, was damit verbunden ist, nicht irgendwo im Unsichtbaren oder im mystischen Bereich stattfindet. Im Gegenteil, gewisse geschichtliche Ereignisse im Zusammenhang mit dem „Menschen der Gesetzlosigkeit" (2,3–12) werden die sichtbare Wiederkunft Christi ankündigen.

Die Gemeinde und die Gesellschaft

Als Folge des großen Interesses der Thessalonicher an der Zukunft hatten einige Christen aufgehört, ein geregeltes Leben zu führen. Sie warteten nur noch untätig darauf, daß Jesus wiederkomme: eine Haltung, die Paulus scharf kritisierte. Ein Christ war in seinen Augen nicht jemand, der sich vor seinen Pflichten drückt und ein religiöser Einsiedler wird. Solche Leute sollten, gleichgültig, wie „geistlich" sie sich gaben, von der Gemeinde zur Ordnung gerufen werden.

Es geschah nicht oft, daß Paulus eine Gemeinde anwies, an einem ihrer Glieder Gemeindezucht zu üben, aber hier geschieht es. ,,Doch behandelt ihn nicht als euren Feind, sondern weist ihn zurecht als einen Bruder'' (3,15).

Trotz all ihrer Probleme wurden die Christen in Thessalonich schnell zu einer Gemeinde, auf die Paulus stolz sein konnte: ,,Denn euer Glaube wächst sehr, und die gegenseitige Liebe nimmt bei euch allen zu'' (1,3).

Es war in Thessalonich, wo Paulus angeklagt wurde, ,,die Welt auf den Kopf zu stellen''. Die Gemeinde von Christen, die er dort zurückließ, setzte seine Arbeit in diesem Sinne fort. Trotz aller Probleme waren die Thessalonicher eine der wenigen Gemeinden, die Paulus wegen ihres christusähnlichen Charakters herzlich gelobt hat. Die Ermutigung, die er selbst durch diese Gemeinde erfahren hat, muß für ihn bei den schweren Prüfungen, die ihn in seinem Dienst erwarteten, eine große Hilfe gewesen sein.

5. Paulus als Seelsorger

Ephesus   74

Die Auswirkungen des Evangeliums   76

Wieder im Gefängnis?   77

Paulus als Autor   78

Paulus und die Gemeinde von Korinth   78

Der erste Brief an die Korinther   80

Was Paulus in seinem Brief an die Korinther über Frauen sagt   89

Das Ziel des Paulus   92

Der Römerbrief   93

Apg 18,18–21 Nach seinem Aufenthalt in Korinth besuchte Paulus kurz
Ephesus und kam dann auf direktem Weg zurück nach Cäsarea in Palästina. Von dort aus ging er geradewegs nach Antio-
Apg 18,22 chia in Syrien. Dort blieb er für kurze Zeit und begab sich anschließend auf die sogenannte dritte Missionsreise.

Diese unterschied sich allerdings sehr von den beiden vor-
ausgegangenen Reisen, denn sie war im engen Sinne eigentlich keine „Missions“-Reise. Paulus reiste diesmal als „Seelsorger“, der seine Arbeit hauptsächlich auf zwei Städte
konzentrierte: Ephesus und Korinth. Sein Weg führte ihn zunächst durch Galatien und Phrygien (wo er schon auf seiner
zweiten Reise gewesen war). Dann zog er aber nicht wie sonst
Apg 18,22–19,1 nach Norden, Richtung Troas, sondern direkt nach Ephesus.

Ephesus

Ephesus war die Hauptstadt der römischen Provinz Asia. Sie
lag so zentral, daß Paulus von dort aus über Land- und Was-
serwege ohne Schwierigkeiten den Kontakt zu den meisten
jungen Gemeinden aufrechterhalten konnte, die er in Klein-

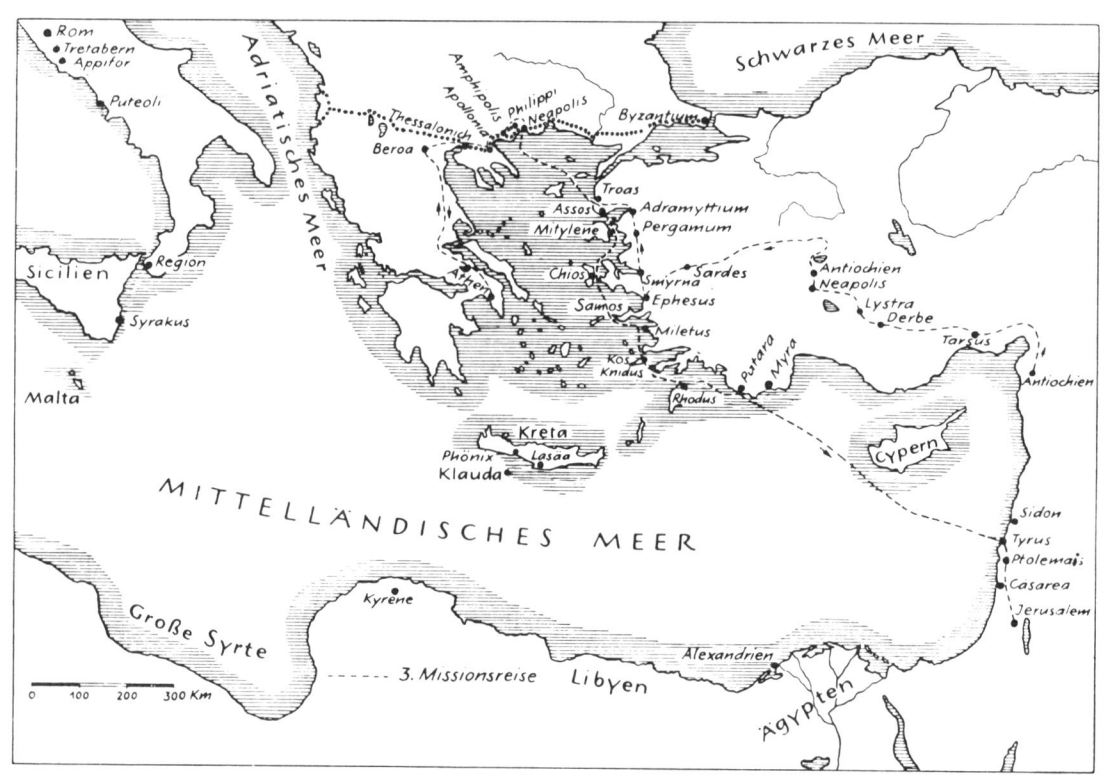

Ephesus galt neben Jerusalem und Athen als eine der drei heiligsten Städte des Altertums. Darüber hinaus war die Stadt eine bedeutende Metropole mit gepflasterten Straßen, Bädern, Bibliotheken, einem großen Stadion und dem Hafen (im Hintergrund). Paulus mietete für seine Vorträge in Ephesus „die Halle des Tyrannus" (Apg 19,8 bis 10).

Apg 20,1–2

Röm 15,19

Apg 20,3

Apg 20,4–6

asien und Europa gegründet hatte. Von hier aus konnten er und seine Begleiter die ganze Provinz Asia erreichen. So wurden in Orten wie Kolossä und Laodicea Gemeinden gegründet, obwohl Paulus selbst dort noch nicht gewesen war.

Es scheint, als habe Paulus während seines dreijährigen Aufenthalts in Ephesus der Gemeinde in Korinth einen kurzen Besuch abgestattet. Nachdem er Ephesus schließlich verlassen hatte, reiste er noch einmal nach Mazedonien, um die Gemeinden dort – vermutlich Philippi, Thessalonich und Beröa – zu besuchen. Möglicherweise war das die Gelegenheit, bei der er „ringsum bis nach Illyrien" wanderte, ein Gebiet Griechenlands an der dalmatinischen Küste des adriatischen Meeres. Anschließend verbrachte er weitere drei Monate in Achaja (wahrscheinlich hauptsächlich in Korinth) und ging dann zurück nach Mazedonien. Dort schlossen sich ihm Vertreter verschiedener Gemeinden an (auch Lukas), um gemeinsam der Gemeinde in Jerusalem eine Geldspende der heidenchristlichen Gemeinden zu überbringen.

Die Auswirkungen des Evangeliums

Der lange Aufenthalt des Paulus in Ephesus stellt ohne Zweifel den wichtigsten Teil seines Dienstes als „Seelsorger" dar – vielleicht sogar den wichtigsten Teil seines gesamten Lebenswerks.

Neben der Tatsache, daß Ephesus für Paulus so etwas wie ein geographisches Zentrum seiner Arbeit darstellte, war es auch ein bedeutendes Zentrum heidnischer Religionen. In der Stadt befand sich u. a. der großartige Tempel der Artemis (Diana), der als eines der sieben Weltwunder der Antike galt. Zu den bekanntesten Erscheinungen von Ephesus gehörten auch seine zahlreichen Magier.

Der Konflikt blieb nicht aus. Viele von ihnen wurden Christen und verbrannten öffentlich ihre Zauberbücher. Die Silberschmiede der Stadt machten bald die Erfahrung, daß der Verkauf von kleinen Nachbildungen des Tempels an die Pilger rapide zurückging. Das führte dazu, daß der Silber-

Der Protest der Silberschmiede (Apg 19,19) bewirkte, daß die ganze Bevölkerung von Ephesus schreiend und grölend ins Stadion zog. Viele wußten allerdings gar nicht, um was es ging. Das Stadion faßte 25000 Menschen.

Apg 19,23–41

schmied Demetrius und einige andere Kollegen anfingen, sich über die Christen in der Stadt aufzuregen.

Wieder im Gefängnis?

Doch neben allen Erfolgen war die Zeit in Ephesus auch voller Mühsal. Damit hatte Paulus zu rechnen gelernt. Im Rückblick bemerkte er einmal, er habe „mit wilden Tieren ge-

1. Kor 15,3

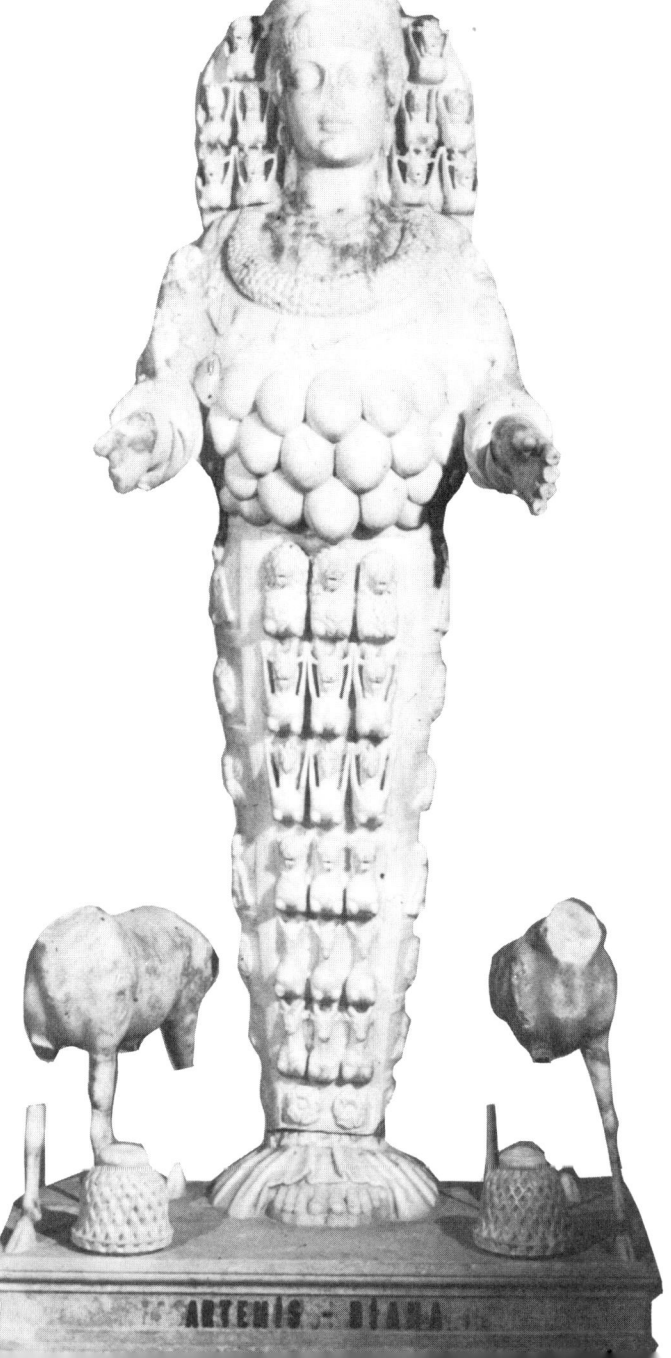

Der Tempel der Artemis (oder Diana) zählte zu den sieben Weltwundern des Altertums. Die Artemis der Epheser wurde als Fruchtbarkeitsgöttin mit vielen Brüsten dargestellt. Die Verehrer dieser Göttin nahmen Tempelmodelle aus Silber als Glücksbringer mit nach Hause; ein sicheres Geschäft, das sich die Silberschmiede von Paulus nicht verderben lassen wollten.

kämpft". Einige meinen, er habe in der römischen Arena mit wilden Bestien kämpfen müssen. Vermutlich ist diese Formulierung aber im übertragenen Sinn zu verstehen. In 2.Kor 1,8 erwähnt er die Bedrängnis, die ihm in der Provinz Asia widerfahren ist; und in Röm 16,7 – wahrscheinlich kurz nach seiner Abreise aus Ephesus – schreibt er von Andronikus und Junias als von seinen „Mitgefangenen".

Solche Bemerkungen werden oft als Hinweis verstanden, daß Paulus während seines Aufenthaltes in Ephesus im Gefängnis gewesen sei. Mehr darüber in Kapitel 7 dieses Buches.

Paulus als Autor

Die dritte Phase des Dienstes von Paulus ist für uns von größtem Interesse, weil in dieser Zeit drei seiner bedeutendsten Briefe geschrieben wurden: der erste und zweite Brief an die Korinther und der Brief an die Römer.

Die Tatsache, daß diese Schreiben in den Kanon der Heiligen Schrift aufgenommen wurden und eine zentrale Stellung im Neuen Testament einnehmen, verdunkelt uns oft den Blick dafür, daß sie ursprünglich nichts anderes waren als regelrechte Briefe. Es handelt sich nicht etwa um theologische Traktate in Briefform. Wie die früheren Briefe des Paulus halten sie sich stilistisch an die gängige Briefform der damaligen Zeit; und jeder von ihnen wurde aus einer ganz bestimmten Situation heraus geschrieben.

Paulus und die Gemeinde von Korinth

Die Briefe an die Gemeinde von Korinth stellen uns vor eines der kompliziertesten historischen Rätsel des gesamten Neuen Testaments. Es ist recht einfach, den Galaterbrief und die beiden Thessalonicherbriefe in das Bild der paulinischen Aktivitäten, wie sie uns in der Apostelgeschichte beschrieben werden, einzuordnen. Aber für die beiden Korintherbriefe gibt es keinerlei begleitende Informationen aus der Apostelgeschichte. Wir müssen uns also auf die wenigen Hinweise und Anspielungen verlassen, die Paulus selbst in diesen Briefen gibt. Es besteht jedoch bei den meisten Auslegern Einstimmigkeit darüber, daß sich die Verbindung des Paulus zur korinthischen Gemeinde in sechs Phasen aufteilen läßt:

Schlechte Nachrichten aus Korinth

Während seines dreijährigen Aufenthaltes in Ephesus erreichten Paulus schlechte Nachrichten über den Zustand der Gemeinde in Korinth. Also schrieb er einen Brief an sie, in dem er vor der Gefahr der Zuchtlosigkeit warnte. Auf diesen Brief bezieht sich Paulus in 1.Kor 5,11: „Vielmehr habe

Der große Tempel der Artemis lag etwa zwei Kilometer außerhalb der Stadt. Heute ist dort nicht mehr zu sehen als ein verwildertes Areal.

ich euch geschrieben: Ihr sollt nichts mit jemand zu schaffen haben, der sich Bruder nennen läßt und ist ein Unzüchtiger…"

Einige Theologen glauben, daß uns ein Teil dieses frühen Briefes im 2.Korintherbrief Kapitel 6,14–7,1 erhalten ist, da der Abschnitt dort nicht gut in den Zusammenhang paßt und mit den Worten beginnt: „Ziehet nicht gemeinsam mit den Ungläubigen am fremden Joch."

Paulus schreibt den ersten Brief an die Korinther

Mitglieder des Haushalts der Chloe hatten berichtet, daß es innerhalb der Gemeinde von Korinth Spaltungen gäbe (1.Kor 1,11). Die Berichte wurden später von Stephanus und zwei anderen korinthischen Christen bestätigt, die einen Brief mit gewissen Grundsatzfragen aus Korinth überbrachten (1.Kor 16,17). Unser erster Korintherbrief war vermutlich die Antwort des Paulus auf diesen Brief.

Paulus besucht Korinth

Später erfuhr Paulus, möglicherweise durch Timotheus, der von Korinth nach Ephesus zurückgekehrt war, daß sein Brief ohne Wirkung geblieben war. Da entschloß sich Paulus zu einem kurzen Besuch in Korinth, um persönlich alles zu regeln.

In der Apostelgeschichte wird ein solcher Besuch nicht erwähnt, aber 2.Kor 2,1; 12,14 und 13,1 lassen deutlich durchblicken, daß er stattfand. Bei diesem Besuch muß er, wie in 1.Kor 4,21 angedroht, mit dem „Stock" gekommen sein, denn es wurde ein Besuch voll „Betrübnis" (2.Kor 2,1).

Noch ein Brief

Zurück in Ephesus schrieb Paulus einen sehr viel heftigeren Brief; er schrieb ihn „aus großer Bedrängnis und Angst des Herzens", wie er in 2.Kor 2,4 sagt. Dieses Schreiben wurde von Titus überbracht. Einige Theologen nehmen an, dieser Brief sei uns im 2.Korintherbrief in den Kapiteln 10–13 überliefert. Paulus wehrt sich in diesen Kapiteln heftig gegen Angriffe auf seine Autorität als Apostel; ein Thema, mit dem sich wahrscheinlich dieser ganze dritte Brief beschäftigte.

Gute Nachrichten aus Korinth

Nachdem Paulus Ephesus verlassen mußte, reiste er nach Mazedonien (Apg 20,1). Dort traf er wieder mit Titus zusammen, der ihm die willkommene Nachricht von einer Veränderung in der Gemeinde von Korinth überbrachte. Er übermittelte Paulus auch eine Einladung nach Korinth (2.Kor 7,5–16).

Paulus schreibt den zweiten Brief an die Korinther

Paulus schickte Titus mit einem herzlichen Brief, in dem er seiner großen Freude Ausdruck verlieh, zurück nach Korinth. Dieser Brief ist uns wahrscheinlich in 2.Kor 1–9 erhalten. Dabei nutzte er die Gelegenheit, auch über andere Themen zu schreiben: über die Beziehung zwischen Predigern und Zuhörern, über die Hoffnung auf ein Leben nach dem Tod, über die Erlösung im allgemeinen und über die Spendensammlung, die er für die Gemeinde von Jerusalem organisierte.

Sollte das, was in 2.Kor 10–13 steht, schon ursprünglich zu diesem Brief gehört haben, dann muß Paulus während des Schreibens von neuen Schwierigkeiten in Korinth erfahren haben. Er fühlte sich veranlaßt, seine Stellung als anerkannter Apostel Christi zu verteidigen. Einige Theologen nehmen an, daß 2.Kor 10–13 aus einem späteren Brief des Paulus stamme, einer Antwort auf erneute Angriffe gegen seine Autorität.

So viel über die äußeren Umstände, die Paulus zum Schreiben dieser Briefe bewogen haben.

Die meisten Informationen über die Situation der Gemeinde finden wir im ersten Korintherbrief. Die Ausführungen des Paulus lassen sich in drei Abschnitte aufteilen: das Leben mit Christus; das Leben in der Welt; das Leben in der Gemeinde.

Der erste Brief an die Korinther

Das Leben mit Christus

(1.Kor 1,10–4,21)

Ein besonderes Kennzeichen der Stadt Korinth war ihre buntgemischte Bevölkerung. Der Grund dafür lag in ihrer Bedeutung als Seehafen an einer der wichtigsten Schiffahrts-

„Ich bin oft gereist", schreibt Paulus an die Korinther (2. Kor 11,26), „ich bin oft in Gefahr gewesen durch die Flüsse, in Gefahr durch die Räuber…"
Noch heute lassen die Wege in der inneren Türkei etwas von den Gefahren ahnen, die Paulus auf sich nahm, um in der ganzen Welt das Evangelium bekanntzumachen.

linien des Mittelmeeres. Durch die Straßen drängten sich römische Legionäre und Mystiker aus dem Osten, Juden aus Palästina und Philosophen aus Griechenland. Und auch in der christlichen Gemeinde, die durch die Verkündigung des Paulus entstand, waren alle diese Leute vertreten.

Wen überrascht es, daß Männer und Frauen von so unterschiedlicher Herkunft auch unterschiedliche Vorstellungen und Ideen in die Gemeinde einbrachten? Solange Paulus bei ihnen war, hielt seine Autorität die verschiedenen Gruppen in dieser jungen Gemeinde zusammen. Doch nach seiner Abreise begannen die Schwierigkeiten.

Eine gespaltene Gemeinde

Als Folge der unterschiedlichen Herkunft war die Gemeinde von Korinth bald in verschiedene Lager gespalten. Paulus spricht davon in 1.Kor 1,10–17. Einige proklamierten ihre geistliche Zugehörigkeit zu Paulus, andere zu Apollos, andere zu Petrus und noch andere verkündeten, nur Christus anzugehören (1,12–13).

Diese vier Gruppen sind ein getreues Spiegelbild der geistlichen Situation der Christen in Korinth:

● Die „Paulus-Partei" bestand aus den „Freidenkern" (Libertinisten). Sie waren diejenigen, die große Stücke auf die Predigten des Paulus über die Freiheit eines Christen hielten. Daraus schlossen sie, so leben zu können, wie sie es gern wollten. Alles sei erlaubt, wenn sie nur erst einmal die christliche Botschaft angenommen hätten. Genau das aber hatten die Judaisten, die sich Paulus in Galatien widersetzten, befürchtet. Deshalb hatten sie die Einhaltung der alttestamentlichen Gesetze verlangt. Paulus hatte zwar immer ausdrücklich betont, daß seine Botschaft weit davon entfernt sei, die Christen ihrer moralischen Verpflichtungen zu entheben. Im Gegenteil: die christliche Ethik stellt viel höhere Anforderungen an den Menschen als das Gesetz, doch die Gefahr der Gesetzlosigkeit („Antinomismus") war in seinen Gemeinden immer gegenwärtig.

● Die „Kephas-Partei" wurde zweifellos von den Gesetzestreuen gebildet. Sie ähnelten den Judaisten von Jerusalem und glaubten, christlich zu leben bedeute die strenge Einhaltung des jüdischen Gesetzes, sowohl des Ritual- als auch des Moralgesetzes. Vermutlich waren viele von ihnen vor ihrer Bekehrung Juden oder nichtjüdische „Gottesfürchtige" gewesen.

● Die „Apollos-Partei" bestand wahrscheinlich aus Anhängern der klassischen griechischen Denkwelt. Von Apollos erfahren wir in Apg 18,24–28, daß er ein Jude aus Alexandria war, „ein redegewandter Mann und sehr bewandert in der Heiligen Schrift".

Die Stadt Alexandria in Ägypten hatte einen großen jüdischen Bevölkerungsanteil, zu dem vor der Zeit des Neuen Testaments und auch nachher einige einflußreiche und begabte Lehrer gehörten. Der bekannteste unter ihnen war Philo (ungefähr 20 v. Chr. bis 45 n. Chr.), ein Jude, der sich darauf spezialisiert hatte, das Alte Testament in Übereinstimmung mit den Auffassungen der griechischen Philosophie zu deuten. Er bemühte sich um den Nachweis, daß schon Mose und andere Schreiber des Alten Testaments die Aussagen der griechischen Philosophen in ihren Schriften vorabgebildet haben.

Als gebildeter Jude aus Alexandria war Apollos natürlich besonders den Christen willkommen, die in der Gedankenwelt der griechischen Philosophie zu Hause waren.

● Die „Christus-Partei" bestand, so vermutet man, aus Männern und Frauen, die sich den anderen Gruppen überlegen fühlten, weil diese sich doch nur um gewöhnliche Menschen scharten. Sie selbst wollten zu Christus eine ebenso direkte Verbindung haben, wie sie diese in den mystischen

Kontakten zu den Göttern heidnischer Mysterienreligionen erfahren hatten. Wenn z. B. Serapis „Herr" genannt wurde, dann konnte auch Christus so bezeichnet werden. Doch Paulus machte ihnen deutlich, daß niemand „Jesus den Herrn" nennen kann „außer durch den Heiligen Geist" (1.Kor 12,3). Eigentlich hatte diese Gruppe lediglich den einen Mysteriengott durch einen anderen ersetzt.

Die Verwirrung in Korinth

Durch den ganzen Korintherbrief hindurch sehen wir, wie die einzelnen Gruppen damit beschäftigt waren, ihre verschiedenen Ideen unter das Volk zu bringen. Die *„Freidenker"* (Libertinisten), die vorgaben, Paulus nachzufolgen, erwarteten von der ganzen Gemeinde, daß sie sich nicht über Unzucht aufregen solle (5,1–13).

Die *Gesetzestreuen*, die dem Beispiel des Petrus zu folgen meinten, brachten wieder die alten Fragen auf, welche Speisen ein Christ essen dürfe und welche nicht. Diesmal ging der Streit um das Fleisch von Tieren, die in heidnischen Tempeln geopfert worden waren, bevor es auf dem Markt verkauft wurde (Kap. 8–9).

Die *Philosophen*, „Nachfolger" des Apollos, bestanden darauf, daß ihre Weisheit alles überstieg, was Paulus verkündigt hatte (1,18–25).

Die *„Mystiker"*, die angaben, nur Christus nachzufolgen, neigten zu der Ansicht, die Sakramente wirkten auf übernatürliche Weise. Sie behaupteten, sich keine Sorgen über die Folgen ihres unmoralischen Handelns machen zu müssen (10,1–13); denn ihrer Meinung nach war die Auferstehung bereits erfolgt, indem sie auf geheimnisvolle Weise mit Christus auferweckt worden seien (15,12–19). Weiterhin behaupteten sie, auf einem so hohen geistlichen Niveau zu leben, daß sie für die Anhänger des Paulus, Petrus oder Apollos unerreichbar seien (siehe auch Kap.4,8).

Im zweiten Jahrhundert kam es zur Entstehung einer häretischen (Häresie = Irrlehre) Bewegung, der „Gnosis". Wahrscheinlich sehen wir hier in Korinth die ersten Anfänge davon.

Paulus erkannte, daß eine der größten Gemeinden von Fanatikern in völlige Verwirrung gebracht wurde. Das stand im krassen Widerspruch zur christlichen Botschaft. Den Galatern hatte er erklärt, daß der Glaube an Christus für alle Christen eine neue Gemeinschaft in Gleichheit und Freiheit schaffe. Weder Paulus selbst noch Petrus, noch Apollos, noch der „Christus", dem man in Korinth nachfolgte, konnten das. Bei seinem ersten Besuch in Korinth hatte Paulus erklärt, daß

Gegenüberliegende Seite:
Selbst die Ruinen des Apollo-
Tempels in Korinth sind noch
beeindruckend. Im Hinter-
grund der Hügel und die
Festung Akrokorinth.

die Kreuzigung und Auferstehung Christi die Grundlage des christlichen Glaubens seien (1.Kor 15,3–7; 1,18–25). Sie sind auch die einzige Grundlage, auf der Männer und Frauen aus verschiedenen Kulturkreisen „eins" sein können. Was immer Paulus, Apollos und Petrus in ihrem eigenen Namen getan hatten, war völlig belanglos. Deshalb wiederholte Paulus als Antwort auf die Probleme der Gemeinde in Korinth seine grundlegende Botschaft: „Denn einen andern Grund kann niemand legen als den, der gelegt ist; das ist Jesus Christus" (3,11).

Nachdem er seinen Standpunkt klargemacht hat, greift Paulus einige besondere Probleme dieser Gemeinde auf; Probleme, die sich ergaben: erstens aus ihrer Haltung nichtchristlichen Normen und Einrichtungen gegenüber; zweitens aus ihrer Haltung zueinander bei den Zusammenkünften in der Gemeinde.

Das Leben in der Welt

(1.Kor 5,1–11,1)
In Korinth gab es in der Beziehung zwischen Christen und Nichtchristen hauptsächlich auf drei Gebieten Schwierigkeiten:

Christliches Verhalten

Mindestens zwei Parteien in der Gemeinde von Korinth behaupteten, theologische Gründe dafür zu haben, in ihrem Verhalten nicht an die sonst gültigen christlichen Maßstäbe gebunden zu sein. Im Hauptteil seines Briefes erwähnt Paulus drei bestimmte Punkte, die ihm aufgefallen waren.

● Zu große Nachsicht gegenüber der Sünde. Folgender Bericht bereitete Paulus besonders viele Sorgen: „Überhaupt geht die Rede, daß Unzucht unter euch ist, und zwar eine solche Unzucht, wie sie nicht einmal unter den Heiden vorkommt: daß einer die (zweite) Frau seines Vaters hat" (Kap. 5,1).

Paulus empfand dieses Fehlverhalten als so schwerwiegend, daß er die Gemeindeglieder anwies, sich von der betreffenden Person fernzuhalten, bis diese ihre Sünden bereut habe. Er schlug der Gemeinde vor: „...wenn ihr im Namen des Herrn Jesus versammelt seid und mein Geist samt der Kraft des Herrn Jesus bei euch ist, soll dieser Mensch dem Satan übergeben werden zum Verderben des irdischen Leibes, damit der Geist am Tag des Herrn gerettet wird" (5,4–5).

Einiges an dieser Anweisung ist uns schwer verständlich.

Aber die Hauptsache ist klar: Diese Sünde war so schwerwiegend, daß ihr in radikaler Weise begegnet werden mußte. Die betreffende Person wurde aus der christlichen Gemeinde ausgeschlossen – obwohl der örtlichen Gemeinde kein endgültiges Urteil zustand. Dies würde erst am „Tag des Herrn" gefällt werden.

● Falsch verstandene Freiheit. Wieder muß Paulus betonen, daß Freiheit in Christus nicht Freiheit zu unmoralischem Handeln bedeutet (6,12–20). Christen haben nicht die Freiheit, das zu tun, was ihnen gefällt, sondern sie sind darin frei, Gott von Herzen zu dienen (6,19–20).

● Fragen um Ehe und Ehescheidung. In seiner Antwort auf eine entsprechende Frage erlaubt Paulus den Christen zu heiraten (7,1–9), obgleich er selbst nicht verheiratet war und sich wünschte, „alle Menschen wären wie ich" (7,7). Er verbietet die Scheidung (7,10–11), es sei denn, ein nichtchristlicher Partner verläßt seinen christlichen Partner (7,12–16). Weiterhin empfiehlt er den Christen von Korinth, in ihrem gegenwärtigen Stand zu bleiben, seien sie nun verheiratet oder ledig (7,17–24). In der Ehelosigkeit sieht Paulus „um der gegenwärtigen Not willen" (vielleicht Apg 11,28?) den besseren Stand (7,25–40).

Hierbei handelt es sich eindeutig um einen Rat, der für eine ganz bestimmte Situation der korinthischen Gemeinde gegeben wurde. Interessant ist, wie Paulus seinen eigenen Rat und seine eigene Meinung von einem ausdrücklichen Gebot Jesu unterscheidet. Er beruft sich auf die Autorität Jesu, wenn er sagt, unter Christen soll es keine Scheidung geben (7,10–11). Aber bei der Erörterung weiterer Probleme fügt er hinzu: „Den andern aber sage ich, nicht der Herr..." (7,12), und noch ein paar Verse weiter stehen die schlichten Worte: „Ich glaube aber auch den Geist Gottes zu haben" (7,40).

Einige der Aussagen des Paulus zu diesem Thema erscheinen uns etwas seltsam. Durch die Jahrhunderte hindurch haben die Gelehrten immer wieder auf verschiedenste Weise zu erklären versucht, warum Paulus der Ehe reserviert gegenüberstehe. Aber steht Paulus nicht auch da in der Nachfolge seines Herrn und Meisters? Hatte nicht Jesus selbst gesagt: „Wenn jemand zu mir kommt und haßt nicht Vater und Mutter, Frau und Kinder, Brüder und Schwestern und dazu sich selbst, dann kann er nicht mein Jünger sein" (Luk 14,26)?

Zwischen dieser Aussage und der des Paulus besteht eine auffallende Ähnlichkeit (7,29–31). Und dennoch würde niemand ernsthaft behaupten, Jesus sei gegen Ehe und Familie gewesen. Ganz im Gegenteil.

Wenn wir uns die anderen Aussagen des Paulus über die Ehe ansehen, merken wir dann auch sehr bald, daß er die Ehe in einem ebenso hohen Ansehen hielt wie Jesus (siehe Eph 5,22–33). Im 1.Korintherbrief wandte er sich an Christen, die sich in einer besonderen Lage befanden; und in einem außergewöhnlichen Fall müssen auch außergewöhnliche Maßnahmen ergriffen werden.

Die Christen und das bürgerliche Recht

Es gab noch etwas, worüber sich Paulus Sorgen machte. Die Christen von Korinth gingen vor öffentliche Gerichte, um sich dort gegenseitig zu verklagen. Das lehnte Paulus rundweg ab. Ihm erschien es geradezu abwegig, daß Christen, die untereinander Brüder und Schwestern sind, sich an heidnische Gerichte wandten. Wenn in einer Familie Streit entsteht, sollte es nicht nötig sein, ein Gericht in Anspruch zu nehmen. „Gibt es denn nicht wenigstens einen unter euch", fragt Paulus kopfschüttelnd, „der weise genug ist, die Angelegenheit zu klären?" (6,1–6).

Doch was Paulus am meisten störte, war die Tatsache, daß es überhaupt Streit gab. Christen sollten dem Beispiel Christi folgen und sich „lieber Unrecht tun lassen" als Spaltungen in der christlichen Gemeinde zu verursachen (6,7–8). Im Lichte dessen, was Gott für sie durch Christus getan hatte, verblaßten ihre kleinlichen Zänkereien zu völliger Bedeutungslosigkeit (6,9–11).

Das Alltagsleben der Christen

Es war den Christen zwar möglich, ohne ein bürgerliches Gericht auszukommen, aber sie konnten nicht verhindern, in anderer Beziehung in das heidnische Leben einer Stadt wie Korinth verwickelt zu werden. Da war zum Beispiel die Frage des Essens. Wenn wir heute Fleisch haben wollen, gehen wir in eine Metzgerei. Wenn wir nicht gerade Vegetarier sind, bereitet uns das keinerlei Gewissensbisse.

Aber in Korinth gab es keine Metzgereien. Das einzige Fleisch, das zum Verkauf angeboten wurde, stammte von den Tieren, die in den verschiedenen heidnischen Tempeln geopfert worden waren. Die Christen wußten zwar, daß es keine Götter gibt. Aber trotzdem hatten einige Gemeindeglieder das Empfinden, durch den Kauf dieses Fleisches den heidnischen Götterkult irgendwie zu fördern und daran teilzuhaben. Was sollten die Christen also tun? In 1.Kor 8,1–11,1 geht Paulus in vier Punkten darauf ein:

● Grundsätzlich haben Christen die Freiheit, dieses Fleisch zu essen, da die heidnischen Götter nicht existieren. Doch sollte der „aufgeklärte" Christ aus Rücksicht auf andere, die diese Einsicht noch nicht haben, von seiner Freiheit keinen Gebrauch machen (8,1–13).

So hatte Paulus es auf einem anderen Gebiet auch für sich selbst entschieden. Als Botschafter in Gottes Auftrag hatte er das Recht, sich von der Gemeinde finanziell unterstützen zu lassen: „So hat auch der Herr befohlen, daß die, die das Evangelium verkündigen, sich vom Evangelium nähren sollen" (9,14). Doch Paulus hatte auf dieses Recht verzichtet (9,1–27). Er war bereit, sich einzuschränken, damit seine Botschaft von jedermann angenommen werden konnte: „Denn obwohl ich allen gegenüber frei bin, habe ich mich selbst zum Knecht aller gemacht, damit ich möglichst viele gewinne" (9,19).

● Die Christen sollten außerdem erkennen, daß in der Teilnahme an heidnischen Festen für sie eine wirkliche Gefahr bestand (10,1–22). Einige der Christen von Korinth lebten nämlich in der Vorstellung, die christlichen Sakramente würden ihnen eine Art magischer Immunität (Unverletzlichkeit) gegen heidnische Rituale verleihen, so daß sie daran teilnehmen könnten, ohne geistlich Schaden zu nehmen. Paulus beweist anhand der Geschichte Israels das Gegenteil. Es sei völlig unmöglich, an einem Tag am Abendmahl des Herrn teilzunehmen und am nächsten Tag ein heidnisches Fest mitzufeiern.

● Bei dem Bemühen, für diese Fragen praktische Antworten zu finden, empfiehlt Paulus den allgemeinen Grundsatz: Nie etwas tun, was andere verwirren und verunsichern könnte; selbst wenn das, was man tun wollte, eigentlich nicht falsch ist. Es gilt immer das Wort: „Was ihr auch tut, das tut alles zu Gottes Ehre" (10,23–11,1).

Das Leben in der Gemeinde

(1.Kor 11,22–15,58)
Die Korinther erwarteten von Paulus Antwort auf eine Reihe brennender Fragen. Einige davon haben wir hier schon abgehandelt: Fragen nach der Ehe, nach der Scheidung und nach den Speisen, die in heidnischen Tempeln eingekauft wurden. Aber es gab noch andere, die sich mit dem Gottesdienst in der Gemeinde (11,2–14,40) und mit Glaubensgrundsätzen befaßten (15,1–58).

Der Gottesdienst

(1.Kor 11,2–14,40)
Immer, wenn die Gemeinde in Korinth sich zum Gottesdienst versammelte, entstanden drei praktische Probleme:

● Die Gestaltung des Gottesdienstes. Paulus hatte den Korinthern die gleiche Botschaft gebracht wie den Galatern. Zwei wesentliche Aussagen dieser Botschaft waren:

1. Es gibt innerhalb der Gemeinde keine rassischen, sozialen oder sonstige Vorzüge (Gal 3,28).

2. Christus hat den Christen eine neue Freiheit gegeben (Gal 5,1).

Für den Gottesdienst hieß das praktisch, daß Paulus – im Gegensatz zum geltenden jüdischen Brauch – den Frauen volle Teilnahme am Gottesdienst zugestand. Paulus hatte der Gemeinde von Korinth auch eine gewisse Gottesdienstordnung übergeben (1.Kor 11,2), und diese wurde auch beachtet. Doch viele Christen mißverstanden den Charakter der christlichen Freiheit. Einige Frauen, die im Gottesdienst eine führende Rolle übernommen hatten, taten in der Gegenwart Gottes Dinge, die sie in Gegenwart ihrer heidnischen Nachbarn niemals getan hätten.

Es gehörte zur Anstandsregel jener Zeit, daß sittsame Frauen niemals ohne Kopfbedeckung in der Öffentlichkeit erschienen. Die Christen in Korinth aber meinten, von den gängigen Gesellschaftsregeln befreit zu sein und dieser Freiheit vor Gott in der Gemeinde Ausdruck verleihen zu sollen. Doch das wirkte schamlos und anstößig, so daß Paulus sich strikt dagegen verwahrte (11,2–16).

Was Paulus in seinem Brief an die Korinther über die Frauen sagt

Es scheint so, als widerriefe Paulus in 1.Kor 14,33b–35 genau das, was er vorher in 1.Kor 11 ausdrücklich erlaubt, ja geradezu empfohlen hatte. In Kap. 11,2–16 drückt Paulus seine Besorgnis darüber aus, daß Frauen, die aktiv am Gottesdienst teilnehmen, sich dabei in anstößiger Weise über herrschende gesellschaftliche Regeln hinwegsetzen. Daß Frauen überhaupt „beten und weissagen" (11,5), störte ihn nicht. In Kap. 14,33b–35 sagt Paulus hingegen: „…sollen die Frauen in der Gemeindeversammlung schweigen; denn es ist ihnen nicht gestattet, zu reden…" (14,34). Für die Ausleger stellen sich hier einige Probleme:

● Wenn wir davon ausgehen, daß die Aussage ein Bestandteil des ursprünglichen Paulustextes ist, dann müssen wir die Erklärung für diesen Widerspruch in der besonderen Situation der Gemeinde in Korinth suchen. In 1. Kor 14,33b–35 handelt es sich dann nicht um eine grundsätzliche und allgemeingültige Weisung, sondern um eine konkrete, für Korinth gültige Weisung. Wenn wir sie für eine allgemeingültige Weisung halten wollten, müßten wir annehmen, Paulus habe damit seiner Aussage von 1. Kor 11,2–16 ganz bewußt widersprochen. Immerhin erwecken die Verse in 1. Kor 11 durch ihre Anspielung auf die Schöpfungsgeschichte den Anschein einer

Grundsatzerklärung. Doch ein Mann von der Intelligenz des Paulus hätte wohl kaum zwei derart widersprüchliche Grundsätze aufgestellt, ohne dazu irgendeine Erklärung abzugeben.

Möglich wäre also, daß Paulus einmal eine Grundsatzerklärung abgibt (in 1. Kor 11,2–16), und dann ein anderes Mal in eine bestimmte Situation hinein einen davon abweichenden Rat gab (in 1. Kor 14, 33b–35). Einige Ausleger beziehen die Passagen in Kap. 14 nur auf das öffentliche Lehren der Frauen, das Paulus nicht zuläßt.

● Wenn der Korintherbrief tatsächlich vor dem Hintergrund der beginnenden „Gnosis" zu sehen ist – wie bereits an früherer Stelle angedeutet –, dann könnte darin möglicherweise der Schlüssel zur Deutung von 1.Kor 11,2–16 und 14,33b–35 zu finden sein. Es gibt nur noch eine andere Schrift im Neuen Testament, in der wir ähnliche Anweisungen wie in 1.Kor 14,33b–35 antreffen: im ersten Brief an Timotheus (2,8–15). Dieser ist mit Sicherheit gegen beginnende gnostische Tendenzen gerichtet. In der gnostischen Bewegung des zweiten Jahrhunderts nahmen einige Frauen herausragende Stellungen ein; das ist wohl einer der Gründe, warum die Gemeinde in der nachneutestamentlichen Periode Frauen von jeder Art des öffentlichen Gemeindedienstes ausschloß.

● Es gibt in alten Handschriften des Neuen Testaments eine Anzahl von Hinweisen, die manche Theologen vermuten lassen, daß 1.Kor 14,33–35 möglicherweise nicht in dem ursprünglichen Brief des Paulus enthalten war. Sie meinen, die betreffenden Verse könnten später hinzugefügt worden sein, als man sich überall gegen die Gnostikerinnen zur Wehr setzen mußte, aber auch das ist nur eine Spekulation.

Paulus wird oft – zu Unrecht – „Frauenfeindschaft" vorgeworfen.
Aus Stein gemeißelt: der Kopf einer Römerin – vermutlich aus dem 2. Jh. n. Chr.

● Abendmahl und Gottesdienst. Ein weiterer Grund zur Besorgnis lag für Paulus in der Art und Weise, wie das Abendmahl gefeiert wurde (11,17–34). Den Korinthern waren die Anweisungen, die Christus selbst für diesen Anlaß gegeben hatte, von Paulus schon zu einem früheren Zeitpunkt übermittelt worden. Aber anstatt sich daran zu halten, machten sie aus dem Abendmahlsgottesdienst eine unterhaltsame Party. Die reichen Gemeindeglieder brachten ihr eigenes Essen mit und feierten private Feste, während die anderen hungrig zuschauten (11,22). Paulus geißelt das scharf.

● Ursprünglichkeit und Ordnung. Ein weiteres wichtiges Merkmal der Gemeinde von Korinth war die Art, wie sie ihre geistlichen Gaben anwendete.

Es gehört zur Grundüberzeugung der ersten Gemeinden, daß ein Christ den Heiligen Geist empfangen hat. Damit war jeder Christ ein „Charismatiker", er besaß ein „Charisma", eine Gabe von Gott, und konnte diese im Gottesdienst einsetzen: etwa ein Gebet in einer unbekannten Sprache (Glossolalie), die Deutung dieses Sprachengebets, Prophetie (wie in Apg 13,1–2) und mancherlei andere wunderbare Begabungen.

Die Gemeinde von Korinth besaß alle diese Gaben (1.Kor 1,4–7), und die Christen waren so eifrig darin, sie einzusetzen, daß oft mehrere gleichzeitig im Gottesdienst sprachen. Das war natürlich verwirrend. Paulus mußte sie daran erinnern, daß Gott „nicht ein Gott der Unordnung, sondern des Friedens" ist (1.Kor 14,33). Das bedeutet: Wenn die Ausübung der Gaben im Gottesdienst wirklich von Gott geleitet ist, dann dient es zur Erbauung der ganzen Gemeinde (12,7).

Paulus erkannte den Wert all dieser Gaben an. Er betonte, daß jede von ihnen von Gott gegeben ist und deswegen ihren berechtigten Platz in den Zusammenkünften der Gemeinde hat. Genau wie ein menschlicher Körper aus verschiedenen Gliedern besteht, von denen jedes wichtig ist, so verhält es sich auch mit der Gemeinde. Jede Gabe, von den verschiedenen Gemeindegliedern eingesetzt, soll zum harmonischen Ablauf des Ganzen beitragen (12,14–31).

All dies soll in der Liebe geschehen (1.Kor 13). Liebe für die Mitchristen und für die Mitmenschen im allgemeinen ist die Grundlage, von der aus man die anderen Gaben erbitten und erstreben soll (14,1–2).

Der Glaube der Gemeinde

(1. Kor 15,1 58)

Zum Schluß wendet sich Paulus dem zu, was er als den Kern des christlichen Glaubens betrachtete: der Auferstehung

Christi. Sie aber war zum Hauptproblem der Korinther geworden.

Einige Gemeindeglieder behaupteten nämlich, sie seien bereits durch besondere „Erfahrungen" auf eine geistliche Ebene erhoben worden, die weit über der von gewöhnlichen Gemeindegliedern läge. Sie hatten eine falsche Vorstellung von der Auferstehung Christi. Paulus begegnet ihr auf zweierlei Weise.

Zunächst erinnert er die Korinther daran, daß der Glaube an die Auferstehung Jesu auf geschichtlichen Tatsachen beruht (15,3–11). Dabei liefert er uns den frühesten Bericht des Neuen Testaments über die Auferstehung. Dann macht Paulus folgendes deutlich: Nur wenn die Auferstehung wirklich eine historische Tatsache ist (wovon er und die anderen Apostel überzeugt waren), haben Christen die berechtigte Hoffnung, daß auch sie am „letzten Tag" wie Jesus von den Toten auferstehen werden. Wenn die Auferstehung nur eine mystische „Erfahrung" ist, dann ist der gesamte christliche Glaube Unsinn. „Denn wenn die Toten nicht auferstehen, so ist auch Christus nicht auferstanden. Ist Christus aber nicht auferstanden, so ist euer Glaube nichtig, so seid ihr noch in euren Sünden..., so sind wir die elendesten unter allen Menschen" (1.Kor 15,16–19).

Das Ziel des Paulus

Nachdem Paulus seine Aufgabe im Osten des Römischen Reiches als vollendet ansah, suchte und prüfte er Neuland für sein Missionswerk im Westen. Rom, die Zentrale des Römischen Weltreiches, sollte Zwischenhalt auf seiner Reise und Ausgangspunkt für sein Missionswerk in Spanien werden (Röm 15,24.28). Darum beschloß Paulus, die Christen Roms in seine Arbeitspläne einzuweihen und für ihren Zeugendienst zu stärken. Wann und von wem die Gemeinde in Rom gegründet wurde, wissen wir nicht. Ihr Glaube war jedoch „weltbekannt" (Röm 1,8). Der Zweck des Briefes an die Römer aber diente nicht nur der Darstellung dessen, was Kern und Grund seines Glaubens und seiner Verkündigung war (im Gegensatz zur jüdischen Werkgerechtigkeit und zur Verdrehung der christlichen Freiheit in eine zuchtlose Lebensführung).

Der Römerbrief ist daher keine Kampfschrift, sondern ein Missionsdokument und konzentrierte, systematische Darlegung der Substanz des Evangeliums.

Der Römerbrief

Alle Menschen sind vor Gott schuldig

Der erste Teil des Römerbriefes (Kap. 1–8) enthält eine ausführliche theologische Abhandlung, die von einem Wort des Propheten Habakuk ausgeht: „... der Gerechte aber wird durch seinen Glauben leben" (Habakuk 2,4). Die Argumentation des Paulus ist ähnlich der im Galaterbrief; vieles ist sogar identisch. Alle Menschen, Juden und Heiden, stehen unter der Macht der Sünde. Es gibt für sie keine Möglichkeit, dem göttlichen Verdammungsurteil zu entgehen (1,18–3,20). Dennoch ist es möglich, „Gerechtigkeit vor Gott" zu erlangen, das heißt: Befreiung von dem Verdammungsurteil Gottes und die Befähigung, an Gottes Wesen Anteil zu bekommen: durch den Glauben an Christus und nicht durch gute Werke (3,21–4,25).

Wie schon im Galaterbrief, so veranschaulicht Paulus auch hier sein Thema am Leben Abrahams (4,1–25). Im weiteren Verlauf (5,1–8,39) schildert er die Folgen dieser neuen Beziehung zu Gott: Befreiung vom Zorn Gottes; Befreiung von der Sklaverei der Sünde; Befreiung vom Gesetz; Befreiung vom Tod durch das Wirken des Geistes Gottes in Christus. „Aber in allem überwinden wir weit durch den, der uns geliebt hat" (8,37).

Das alles sind Themen, mit denen sich Paulus bereits im Galaterbrief und auch im 1. Korintherbrief beschäftigt hatte. Aber hier tauchen einige neue Elemente auf.

Paulus hatte erfahren müssen, wie seine Botschaft oft mißverstanden und falsch angewendet wurde. Deshalb geht er in Kap. 6,1–8,39 direkt auf dieses Problem ein. Er macht klar, daß „Freiheit vom Gesetz" nicht Gesetzlosigkeit bedeutet, denn Christen unterstehen „dem Gesetz Christi". Sie sind nicht länger „Knechte der Sünde" (6,17), sondern „Knechte Gottes" (6,22). Christen werden nicht befreit, damit sie tun können, was sie wollen, sondern damit sie durch das Wirken des Heiligen Geistes „dem Bild seines Sohnes gleich sein sollten" (8,29).

Israel und die Erlösung

In Kap. 9–11 setzt sich Paulus mit der Tatsache auseinander, daß Israel das ihm in Christus angebotene Heil zurückgewiesen hat. Er erklärt, daß die augenblickliche Zurückstellung der Juden weder Gottes Verheißungen noch seiner Gerechtigkeit widerspricht. Israel hat sie sich vielmehr selbst zuzuschreiben, denn es hatte dem Weg der „Werke" den Vorzug vor dem Weg des „Glaubens" gegeben. Trotzdem war Paulus nach wie vor davon überzeugt, daß Gott sein Volk Israel nicht endgültig verstoßen hat. Selbst inmitten aller Treulosigkeit gab es immer solche, die Gott treu blieben (11,1–10). Die gegenwärtige Blindheit der Juden war vielmehr ein Teil des Planes Gottes, allen Völkern die Erlösung zukommen zu lassen (11,11–36).

Wie sich Christen verhalten sollen

Paulus verläßt die rein theologische Ebene und wendet sich jetzt der praktischen Auswirkung der Gerechtigkeit Gottes im Leben eines Christen zu (12,1–15,13). Er spricht von dem Verhalten des Christen zur Gemeinde (12,1–8), zu anderen Menschen (12,9–21) und zum Staat (13,1–10). Die Pflichten der Christen faßt er zusammen in den Worten: „So ist nun die Liebe des Gesetzes Erfüllung" (13,10). Und wieder betont er, daß die Maßstäbe christlicher Ethik und Moral nicht durch künstliche, von außen aufgezwungene Regeln bestimmt werden, sondern durch das Wirken des Heiligen Geistes, der in dem Gläubigen regiert. Das Wirken des Geistes besteht darin, Gottes Gebote in den Christen zu erfüllen, und der Schlüssel zu Gottes Geboten ist die Liebe.

Paulus verdeutlicht dies anhand zweier Beispiele aus dem praktischen Leben: Einmal bezieht er sich auf die Haltung solcher Christen, die aus Gewissensgründen kein Fleisch essen (14,1–15,6; ein ähnlicher Fall wie der des Opferfleisches aus heidnischen Tempeln; vgl. 1. Kor 8); zweitens bezieht er sich auf die allgemeine Einstellung der Judenchristen und Heidenchristen zueinander innerhalb der Gemeinde (15,7–13).

In diesem Brief an die Römer vermittelt uns Paulus eine ausgereifte und wohldurchdachte Darlegung des Evangeliums, so wie es ihm anvertraut war. Es geht über bestimmte Regeln und Vorschriften weit hinaus. Es ist vielmehr eine revolutionäre Botschaft; die Botschaft vom lebendigen Herrn, der das Leben seiner Nachfolger leiten möchte. Unter seiner Herrschaft können die Christen einen Lebenswandel führen, der Gott wohlgefällig ist und ihren Mitmenschen zugute kommt. Paulus wußte nämlich: „Das Evangelium ist eine Kraft Gottes, die alle rettet, die daran glauben." Dieser Glaube setzt die Kraft Gottes frei, erfordert jedoch auch Unterordnung unter Christus, den Herrn, und Offenheit für das Wirken des Heiligen Geistes im Leben des Gläubigen.

Röm 1,16

6. Paulus erreicht Rom

Die missionarische Strategie des Paulus	96
Paulus und sein eigenes Volk	96
Zurück in Jerusalem	97
„Ich bin allen alles geworden"	98
Gefangener in Jerusalem	98
Als Angeklagter vor Felix	99
Festus hört Paulus an	100
Bestimmungsort: Rom	101
Endlich in Rom	103
Wann starb Paulus?	104

Röm 15,23

Gegen Ende seines Briefes an die Römer spricht Paulus die ungewöhnlichen Worte: „Da ich nun aber meine Aufgabe in diesen Ländern erfüllt habe…"

Wenn man daraus allerdings schließen wollte, ganz Kleinasien samt der ganzen Balkanhalbinsel seien zu diesem Zeitpunkt bereits mit dem Evangelium erreicht worden, so wäre das eine falsche Annahme.

Die missionarische Strategie des Paulus

Paulus sah seine Missionsarbeit nämlich etwas anders. Er betrachtete es als seine Aufgabe, überall im Römischen Reich an strategisch wichtigen Punkten christliche Gemeinden zu gründen, von wo aus die umliegenden Gebiete erreicht werden konnten. Diese Aufgabe war erfüllt. In allen wichtigen Bevölkerungszentren seines bisherigen Arbeitsfeldes hatte Paulus wachsende und blühende Gemeinden gegründet. Von nun an lag es in der Verantwortung der jungen Christen, in den umliegenden Gebieten ihrer Städte neue Gemeinden zu bilden.

Paulus hatte zum Ziel, das Evangelium in der ganzen damals bekannten Welt zu verbreiten. In den wichtigen Zentren Italiens – einschließlich Roms – gab es bereits christliche Gemeinden. So hieß für Paulus das nächste Ziel Spanien.

Obwohl Paulus es ablehnte, in die Arbeitsgebiete anderer Missionare einzudringen, war Rom doch eine Ausnahme. Denn diese Stadt sollte sein neuer Missionsstützpunkt für die Evangelisierung des westlichen Mittelmeerraumes werden. Aber vorher waren noch einige Schwierigkeiten zu überwinden.

Paulus und sein eigenes Volk

In seinem Brief an die Römer hat Paulus, wie es scheint, eine fast prophetische Aussage niedergeschrieben. Er bittet die römische Gemeinde, für ihn zu beten, „damit ich vor den Ungläubigen in Judäa errettet werde und mein Dienst, den ich für Jerusalem tue, den Heiligen willkommen ist".

Apg 21,20–21

In Judäa wurde Paulus mehr als irgendwo anders gehaßt, selbst von Leuten, die sich Christen nannten. In ihren Augen war er nichts anderes als ein Verräter des jüdischen Glaubens. Als Pharisäer war er mit der Aufgabe betraut worden, das alttestamentliche Gesetz zu deuten und zu erklären. Seine Gegner warfen ihm vor, er verrate die heilige Sache, indem er erklärt habe, das Gesetz reiche nicht aus, um das Heil zu erlangen, und es sei als Quelle für sittliche und ethische Erkenntnisse kraftlos.

Diese Vorwürfe gingen Paulus sehr zu Herzen. Entgegen den Verdächtigungen, schätzte er sein eigenes jüdisches Erbe sehr hoch ein. Und er wollte auch nicht daran glauben, daß Gott sein Volk endgültig verstoßen habe. Seiner Meinung nach hatten seine Gegner das Alte Testament völlig mißverstanden, während Paulus aufgrund seiner neuen Beziehung zu Christus nun die ganze Bedeutung der alten Schriften erst richtig ermessen konnte. Denn Christus war für ihn ja die wahre Erfüllung des Alten Testaments.

Als Zeichen seiner Fürsorge für sein eigenes Volk hatte Paulus in den heidenchristlichen Gemeinden eine Sammlung für die Judenchristen in Jerusalem organisiert. Das sollte ihnen deutlich machen, daß sie – unabhängig von allen theologischen Differenzen zwischen Juden- und Heidenchristen – doch miteinander verbunden waren. Den Ertrag wollte er nun nach Jerusalem bringen.

Zurück in Jerusalem

In Begleitung von Christen aus Beröa, Thessalonich, Derbe und Ephesus trat Paulus seine Reise nach Jerusalem an. Zu der Gruppe gehörten auch Lukas und Timotheus. Paulus muß geahnt haben, daß er sich auf ein tollkühnes Abenteuer einließ. Er unterbrach nämlich seine Reise in Milet und ließ die Ältesten der Gemeinde von Ephesus zu sich kommen. Im Laufe der Unterredung sprach er davon, daß er sie wohl nie wiedersehen würde. Er wußte, daß er von den Juden nur eins zu erwarten hatte: „Gefangenschaft und Bedrängnisse". Aber wie schon bei früheren Gelegenheiten war ihm seine eigene Sicherheit nicht das Wichtigste: „Aber nach meinem Leben frage ich nicht, wenn ich nur meinen Lauf vollende und meinen Dienst tue, der mir von dem Herrn Jesus anvertraut wurde, nämlich das Evangelium von der Gnade Gottes zu bezeugen."

Nach seiner Ankunft in Jerusalem gingen seine Befürchtungen schnell in Erfüllung. Juden aus der Diaspora hatten Berichte nach Judäa gebracht, die in sehr übertriebener Weise den Bruch des Paulus mit dem Judentum schilderten. Sie erwähnten natürlich nicht, daß Paulus auch hin und wieder jüdischen Vorbehalten nachgegeben hatte. Jakobus, der inzwischen Führer der Jerusalemer Gemeinde geworden war, erklärte dem Paulus, wie die Dinge für ihn standen: „Bruder, du siehst, wieviel Tausende von Juden zum Glauben gekom-

Apg 20,4–6

Apg 20,23

men sind, und alle sind Eiferer für das Gesetz. Ihnen ist aber über dich berichtet worden, daß du alle Juden, die unter den Heiden wohnen, den Abfall von Moses lehrst und sagst, sie sollten ihre Kinder nicht beschneiden und auch nicht nach den jüdischen Ordnungen leben.''

Apg 21,20–21

„Ich bin allen alles geworden"

Wie Jakobus hoffte wohl auch Paulus, daß die Geldsammlung, die er und seine Freunde überbrachten, die feindlich gesinnten Judenchristen freundlich stimmen würde.

Jakobus riet Paulus darüber hinaus zu einer Geste des guten Willens gegenüber den Juden. Er sollte sich dem Gelübde von vier Judenchristen anschließen und durch das genaue Einhalten der rituellen Vorschriften den Juden beweisen, daß er sehr wohl das jüdische Gesetz achtete.

Paulus erklärte sich einverstanden. Er hatte schon immer die Haltung eingenommen, sich auf alle Menschen um des Evangeliums willen einzustellen: „Ich bin allen alles geworden, damit ich auf jeden Fall einige rette." Gegen Ende der Fastenzeit wurde Paulus jedoch von einigen Juden aus Kleinasien im Tempel erkannt. Sie glaubten, Paulus habe einige seiner nichtjüdischen Begleiter mit in den inneren Hof des Tempels genommen und diesen entweiht. Darauf stand die Todesstrafe; und dies war eines der wenigen Vergehen, bei denen die Römer Verurteilung und Vollstreckung des Urteils den Juden überließen.

1. Kor 9,22

Apg 21,27–29

Um sicherzustellen, daß niemand aus Unwissenheit dieses Vergehen beging, hing zur Zeit des Paulus ein Schild über der Hauptpforte des Tempels, auf dem in drei Sprachen zu lesen war:

„Kein Andersbürtiger eintrete in das um das Heiligtum gehende Gitter und Gehege! Wer dabei ergriffen wird, wird sich selbst die Folge zuschreiben müssen, den Tod."

Zwei solcher Inschriften in griechischer Sprache wurden von Archäologen auf dem Tempelgelände in Jerusalem gefunden.

Gefangener in Jerusalem

Es kam zu einem Tumult. Die Juden, die Paulus im Tempel erkannt hatten, wollten ihn an Ort und Stelle ohne Gerichtsverfahren töten. Doch der römische Kommandant, der einen Aufruhr befürchtete, ließ Paulus festnehmen. Damit rettete er ihm das Leben.

Apg 21,30–36

Der Römer hielt Paulus für einen politischen Agitator und gab den Befehl, Paulus auszupeitschen, um ihn dadurch zum

Nichtjuden war es verboten, den inneren Tempelbereich zu betreten. Täfelchen mit griechischem (Abbildung) und lateinischem Text warnten die Besucher davor. Die Gegner des Paulus behaupteten, er habe Heiden in den Tempel gebracht. Darauf stand die Todesstrafe.

Apg 23,1–10

Reden zu bringen; aber Paulus berief sich auf sein römisches Bürgerrecht, das ihn vor solcher Behandlung schützte.

Die Anklage gegen Paulus war eindeutig religiöser Natur, für die das jüdische Gesetz und die jüdische Gerichtsbarkeit zuständig waren. Doch die Einberufung des obersten jüdischen Gerichtshofes, des Sanhedrin, endete mit einem erneuten Tumult. Paulus stellte nämlich fest, er sei nach wie vor überzeugter Pharisäer und werde im Grunde nur deshalb angeklagt, weil er an die Auferstehung der Toten glaube. Damit löste er einen gewaltigen Streit zwischen Sadduzäern und Pharisäern aus, so daß die Sitzung abgebrochen werden mußte.

Als Angeklagter vor Felix

Apg 23,12–24

Jerusalem war für die Römer schon immer ein Unruheherd gewesen. Als durchsickerte, daß man die Ermordung des Paulus plane, wurde er unter strenger Bewachung nach Cäsarca gebracht, dem römischen Hauptquartier an der Küste Palästinas. Dort war er nicht mehr im unmittelbaren Blickfeld der jüdischen Behörden.

In Cäsarea wurde Paulus dem Prokurator Felix vorgeführt. Diesmal lautete die Anklage der Juden nicht mehr nur auf Entweihung des Tempels, sondern auch noch auf öffentliche Unruhestiftung.

Es gibt hier eine eindeutige Parallele zwischen dem Prozeß des Paulus und dem Prozeß Jesu. Auch im Fall Jesu hatte die ursprüngliche Anklage der Juden auf „religiöse Verfehlungen" gelautet, die dann später vor dem römischen Richter ins Politische gekehrt wurden. Man erhoffte sich dadurch eine größere Wirksamkeit der Anklage.

Obgleich Felix wie jeder römische Beamte alles verabscheute, was nach Unruhe aussah, war er jedoch von der Unschuld des Paulus überzeugt. Trotzdem verschob er seine Entscheidung. Teilweise, weil er hoffte, von Paulus Schmiergelder zu bekommen, und teilweise, weil er fürchtete, es könnte noch mehr Schwierigkeiten mit den Juden geben, wenn Paulus freigesprochen würde.

Apg 24,1–26

Festus hört Paulus an

Ungefähr um das Jahr 59 n. Chr. wurde Felix nach Rom zurückbeordert. Der neue Prokurator, ein Mann mit Namen Porcius Festus, wollte den verschleppten Prozeß zu Ende bringen. Er verhörte Paulus und schlug vor, ein neues Gerichtsverfahren in Jerusalem anzusetzen. Aber dies wäre das sichere Todesurteil für Paulus gewesen; denn es gab dort genug Fanatiker, die auch vor einem Mord nicht zurückschreckten. Außerdem sah er voraus, daß es in seiner Sache weiteren Aufschub geben würde. Die Gefangenschaft hatte bereits zwei Jahre gedauert, und er wußte, daß er sein endgültiges Ziel erreichen mußte: Rom. Also beschloß Paulus, von seinem Recht Gebrauch zu machen und sich als römischer Bürger auf das oberste römische Gericht zu berufen: auf den Kaiser in Rom persönlich.

Apg 25,1–2

Das Verlangen des Paulus brachte Festus in höchste Verlegenheit, denn er kannte die Schwachpunkte in der Anklage gegen Paulus, und er wußte nicht so recht, was er dem Kaiser darüber schreiben sollte. Als dann Herodes Agrippa II. Cäsarea besuchte, wurde Paulus noch einmal beiden Männern vorgeführt. Agrippa kannte sich in jüdischen Belangen besser aus, und Festus hoffte, er würde eine Lösung vorschlagen können. Beide Männer scheinen von der Botschaft des Paulus sehr beeindruckt gewesen zu sein, auch wenn sie dann versuchten, die Sache mit einem Scherz abzutun.

Apg 26,1–32

Paulus wurde zwei Jahre als Gefangener in Cäsarea festgehalten. Nach der Zerstörung der Stadt im 13. Jh. gibt es außer einem kleinen Dorf nur noch ein wüstes Ruinenfeld zu sehen. Römische Säulen liegen im Meer, andere wurden zum Bau von Städten weggeholt.

Bestimmungsort: Rom

Endlich ging der Wunsch des Paulus in Erfüllung: Er war auf dem Weg nach Rom. In seiner Begleitung befanden sich Lukas und Aristarchus. Sie reisten auf einem Schiff mit vielen verurteilten Verbrechern. Solche „Gefangenenschiffe" fuhren damals in regelmäßigen Abständen nach Rom. Denn mit Verurteilten aus allen Teilen des Imperiums hielten die Römer „Spiele" im Amphitheater in Gang.

Es hat den Anschein, als sei Paulus als „besonderer Fall" behandelt worden. Aus der Tatsache, daß er zwei Begleiter bei sich hatte, können wir schließen, daß er wie ein wohlhabender Römer gereist ist, den zwei seiner Sklaven begleiteten.

Apg 27,9–12

Als weitgereister Mann wurde er offensichtlich selbst hinsichtlich des Reiseverlaufes um Rat gefragt; auch das deutet auf eine besondere Stellung hin.

In der ganzen antiken Literatur wird uns nirgendwo eine Seereise mit all ihren Stürmen und Gefahren so anschaulich geschildert wie in diesem Bericht über die Reise des Paulus nach Rom, einem Bericht aus erster Hand.

Apg 27,1–28,13

Nach vielen Abenteuern kam Paulus schließlich mit dem Schiff in Puteoli in Süditalien an, wo ihm von den örtlichen Christen ein herzlicher Empfang bereitet wurde. Als er sich dann Rom näherte, kamen ihm schon weit vor der Stadt einige Christen entgegen.

Apg 28,15

Die abenteuerliche Seereise des Paulus endete zunächst auf Malta. Hier lief das Gefangenenschiff auf eine Sandbank und brach im Sturm auseinander (Apg 27,39–41).

Zwei Jahre lang blieb Paulus in Rom ein Gefangener, aber es wurde ihm gestattet, zusammen mit ein paar römischen Soldaten, die er wahrscheinlich selbst entlohnen mußte, in einem von ihm angemieteten Haus zu leben.

Auch unter diesen ungewöhnlichen Umständen verlor Paulus nie den Auftrag aus den Augen, den ihm der auferstandene Herr gegeben hatte. Er war überzeugt, daß ihn weder Juden noch Römer in diese Stadt geschickt hatten, sondern Gott. Paulus hatte immer schon den Plan gehabt, die Hauptstadt zu besuchen. Obwohl er wohl kaum die Umstände dieser Reise hatte voraussehen können, wußte er, daß Christus ihm den besonderen Auftrag gegeben hatte: „Du mußt auch in Rom mein Zeuge sein."

Apg 23,11

Endlich in Rom

Wie üblich suchte Paulus bald den Kontakt zu den Führern der örtlichen jüdischen Gemeinde. Wie auch in anderen Städten gab es einige, die seiner Botschaft glaubten, doch die Mehrzahl lehnte sie ab. Also wandte sich Paulus an die Heiden.

Trotz der Beschränkungen, die der Hausarrest ihm aufzwang, sehen wir in Paulus bis zum Schluß das Bild eines Mannes, der dem Ruf, den er vor so vielen Jahren empfangen hatte, immer noch gehorsam war. Er „predigte das Reich Gottes und lehrte vom Herrn Jesus Christus ganz freimütig und ungehindert".

Apg 28,31

Paulus hatte sein Ziel erreicht. Der auferstandene Christus hatte ihn als Apostel der Heiden ausgesandt. Seine Aufgabe war es, „...ihnen die Augen zu öffnen, damit sie sich von der Finsternis zum Licht und von der Gewalt des Satans zu Gott bekehren". In allen wichtigen Zentren der ganzen damals bekannten Welt gab es Menschen, die die Wahrheit der christlichen Botschaft erfahren hatten; Menschen, deren Leben von dem auferstandenen Christus geleitet wurde, wie das Leben des Apostels selbst.

Apg 26,18

Wann starb Paulus?

Der Bericht der Apostelgeschichte endet mit der Ankunft des Paulus in Rom. Doch alle frühchristlichen Überlieferungen sagen uns, daß Paulus während der Christenverfolgung unter Nero im Jahre 64 in Rom den Märtyrertod erlitten hat. Man kann annehmen, daß Paulus schließlich doch noch in Rom vor Gericht gestellt wurde. Vielleicht wurde er dabei zum Tode verurteilt und das Urteil kurz darauf vollstreckt.

Eusebius, einer der frühchristlichen Historiker, berichtet uns in seiner Kirchengeschichte, Paulus sei, nachdem er sich verteidigt habe, erneut zum Predigtdienst ausgesandt worden und habe dann bei einem zweiten Besuch in Rom unter Nero den Märtyrertod gefunden. Es gibt zwei Vermutungen über die Tätigkeit des Paulus zwischen diesen beiden Verhaftungen.

● Die eine besagt, daß Paulus seiner Absicht gefolgt ist und nach Spanien reiste. Das Neue Testament gibt uns dafür keine unmittelbaren Anhaltspunkte. Aber in Spanien selbst gibt es Überlieferungen, die darauf hinweisen. Außerdem wird im 1. Clemensbrief, Kap. 5 (einem Brief, der ungefähr im Jahre 85 von Rom aus an die Gemeinde von Korinth geschrieben wurde) gesagt, Paulus habe die Reise nach Spanien unternommen. Es ist jedoch möglich, daß sich diese Überlieferung auf die Aussagen des Paulus in Röm 15,24 stützt und annimmt, daß er, da er ja nun einmal nach Spanien wollte, auch tatsächlich dort gewesen sei.

● Die zweite Vermutung stützt sich auf gewisse Hinweise in den Pastoralbriefen (1. und 2. Timotheus und Titus), aus denen man schließen könnte, Paulus habe erneut einige seiner Gemeinden in Kleinasien und Griechenland besucht; dazu auch noch andere Gemeinden, die in der Apostelgeschichte und den frühen Briefen nicht erwähnt werden, wie z. B. Kolossä, Kreta und Nikopolis.

Ob Paulus diese Besuche gegen Ende seines Lebens unternommen hat oder nicht, ist für uns nicht von wesentlicher Bedeutung. Die Apostelgeschichte gibt uns schon über seine frühen Reisen keine lückenlose Auskunft. In 2. Kor 11,23–27 spricht Paulus z. B. über Ereignisse, die in der Apostelgeschichte nicht erwähnt werden, die aber vermutlich zur Zeit seines Dienstes in Ephesus und Umgebung geschehen sind. Es gehört jedenfalls viel Scharfsinn dazu, die Hinweise in den Pastoralbriefen in die Berichte der Apostelgeschichte einzupassen. Naheliegend ist es da schon, hinter diesen Andeutungen Missionsreisen zu vermuten, die zeitlich *nach* seinem ersten Besuch in Rom lagen.

Gegenüberliegende Seite: Nachdem Paulus Italien erreicht hatte, kamen Christen aus Rom ihm auf der Via Appia entgegen. „Da dankte Paulus Gott und gewann Zuversicht" (Apg 28,15).

7. Paulus im Gefängnis

Paulus schreibt an die Gemeinde von Kolossä   108

Der Brief an die Kolosser   110

Paulus schreibt an die Gemeinde von Ephesus   112

Der Epheserbrief   113

Paulus schreibt an die Gemeinde von Philippi   115

Wann und wo befand sich Paulus in Gefangenschaft?   116

Paulus und der auferstandene Christus   118

Hat Paulus die Pastoralbriefe geschrieben?   119

Paulus spricht in vieren seiner Briefe von sich selbst als einem Gefangenen. Daher wird allgemein angenommen, daß diese Briefe während seiner Gefangenschaft in Rom in den Jahren 60–62 n. Chr. geschrieben wurden. Es sind dies die Briefe an die Gemeinden von Kolossä, Philippi und Ephesus, dazu noch der persönliche Brief an Philemon, der in Kolossä lebte.

Paulus schreibt an die Gemeinde von Kolossä

Der Brief an die Kolosser und der Brief an Philemon wurden zur gleichen Zeit geschrieben; der eine an die Gemeinde, der andere an ein Glied dieser Gemeinde. Timotheus gilt bei beiden Briefen als Mitautor, und in beiden werden Grüße von denselben fünf Leuten ausgerichtet: von Aristarchus, Markus, Demas, Epaphras, Lukas und Archippus von Kolossä. Ebenso wird Onesimus, der entlaufene Sklave des Philemon, beide Male erwähnt.

Obgleich Kolossä nicht weit von Ephesus, dem langjährigen Aufenthaltsort des Paulus, entfernt lag, hatte er die Stadt nie besucht. Die Gemeinde dort wurde vermutlich durch Epaphras gegründet, der zu den jungen Christen aus Ephesus gehört haben könnte. Die Tatsache, daß es zu dieser Zeit in Kolossä eine so blühende Gemeinde gab, bestätigt die Strategie des Paulus. Er hatte immer jene Städte zu erreichen versucht, die so zentral lagen, daß man von ihnen aus die umliegenden Gebiete gut erreichen konnte.

Epaphras besuchte Paulus während seiner Gefangenschaft in Rom und überbrachte ihm gute Nachrichten von der Gemeinde in Kolossä. Nur eine Sache bereitete Paulus Sorgen: die Verbreitung einer falschen Lehre, die wir heute die Irrlehre der Kolosser nennen. Diese Irrlehre war eine Kombination aus den Praktiken, die Paulus im Galaterbrief angreift, und der besonderen Glaubensrichtung der „Christus-Partei" in Korinth. In ihr verband sich die rassische Exklusivität, wie wir sie bei den Judaisten finden, mit der intellektuellen Exklusivität, der man so oft in den heidnischen Religionskulten jener Zeit begegnete.

Die Folge dieser Lehre war, daß sich ein Teil der Christen von Kolossä den anderen Gemeindegliedern überlegen fühlte. Sie waren der Meinung, daß für eine völlige und andauernde Erlösung der Glaube an Christus allein, wie Paulus es gelehrt hatte, nicht ausreiche. Sie hielten es zusätzlich für nötig, mit Hilfe mystischer Erkenntnisse Einblick in die göttlichen Dinge zu bekommen.

Diese höhere Erkenntnis erlangte man durch verschiedene

rituelle Übungen, wie zum Beispiel die Beschneidung, den Verzicht auf gewisse Speisen und die Einhaltung jüdischer Feiertage und des Sabbats.

Wir können daraus entnehmen, daß die Anhänger dieser Irrlehre in der Praxis den Judaisten ähnelten, die schon in Galatien die Christen verwirrt hatten. Auch sie hatten die Beschneidung und die strikte Beachtung des alttestamentlichen Gesetzes verlangt. Die Anhänger des Irrglaubens in Kolossä

Kolossä war z. Z. des Paulus eine kleine, wohlhabende Stadt. Heute ist von ihr nicht mehr viel zu sehen. Die Gemeinde von Kolossä wurde wahrscheinlich von Epaphras gegründet (Kol 1,7; 4,12).

Kol 2,23

hielten die alttestamentlichen Regeln jedoch aus ganz anderen Gründen ein. Sie waren „Asketen", die darauf aus waren, „die Gelüste des Fleisches" unter Kontrolle zu bringen. Das Gesetz diente ihnen dazu nur als willkommenes Mittel. Das wird durch die Entgegnung des Paulus deutlich. Er spricht nicht von Gesetz und Gnade (wie bei den Galatern), sondern von den grundlegenden ethischen Problemen, die durch jede Art von Askese entstehen.

Der Brief an die Kolosser

In seinem Brief an die Gemeinde in Kolossä weist Paulus in der Auseinandersetzung mit dieser Irrlehre wiederum ausdrücklich darauf hin, daß der Gläubige alles, was er braucht, in Christus finden könne. Wie später die Gnostiker, glaubten auch einige Kolosser, daß sie mehrere übernatürliche Vermittler haben müßten und daß Jesus nur eine von vielen Gottesoffenbarungen sei. Dagegen wendet sich Paulus mit Entschiedenheit: „Denn es hat Gott gefallen, mit seiner ganzen Fülle in ihm (Christus) zu wohnen" (Kol 1,19).

Paulus ging sogar noch weiter, indem er seine Leser daran erinnerte: „In ihm (Jesus) wohnt die ganze Fülle der Gottheit *leibhaftig*" (2,9).

Die Kolosser meinten, sie müßten, um zur vollen Erlösung zu finden, eine tiefe mystische Erfahrung machen. Darin stimmte Paulus ihnen zu. Seine eigene Tätigkeit konnte aber als Aufdeckung dieses „Mysteriums" bezeichnet werden. Weit davon entfernt, irgendwie verborgen zu sein, war dieses Mysterium das Herzstück seiner Predigt: Es bestand in der schlichten Tatsache, daß sich das Leben des Christus selbst in den Christen befand (1,27). Was immer sie brauchten, es konnte alles in Christus gefunden werden, denn „in ihm liegen alle Schätze der Weisheit und der Erkenntnis verborgen" (2,3).

Im weiteren Verlauf erinnert Paulus seine Leser daran, daß sie das, was sie teilweise auf mystischem Wege zu erlangen suchten, als Christen doch schon längst besäßen.

● Meinten etwa einige, aufgrund ihrer Beschneidung geistlich über den andern zu stehen? Paulus sagt dazu, alle Christen sind „beschnitten mit einer Beschneidung, die nicht mit Händen geschieht" (2,11). Vorausgesetzt, sie haben das getan, was mit der Ablegung ihres „fleischlichen Leibes" gemeint ist, nämlich ihr altes sündiges Leben abgestreift, damit sie ein neues Leben führen können in der Kraft des Heiligen Geistes, der ihnen von Christus gegeben wird.

● Behauptete etwa jemand, ein neues Leben zu haben,

das die andern nicht hätten? Dann sollte er erkennen, daß Gott durch die Kreuzestat Christi alle Christen zu neuem Leben erweckte (2,13–15).

● War jemand stolz auf bestimmte Leistungen, die ihm zur Unterwerfung des „Fleisches" verhelfen sollten? Auch diese waren wertlos. Selbst ihr ursprüngliches Ziel war überholt. Denn „das alles ist nur ein Schatten von dem, was kommen sollte". Da nun die Wirklichkeit in Christus da war, hatten diese Übungen ihre Gültigkeit verloren. Man verschwendete nur Zeit mit ihnen, denn sie hatten lediglich „einen Schein von Weisheit durch selbsterwählte Frömmigkeit und Demut und dadurch, daß sie den Leib nicht schonen, aber keine Ehre bringen, sondern nur der menschlichen Eitelkeit dienen" (2,23).

Statt ihre Aufmerksamkeit darauf zu lenken, sollten die Kolosser so leben, wie es ihre wahre Stellung in Christus verlangte. Wer sie auch waren und was für Erfahrungen sie auch für sich beanspruchten, vor Gott waren sie alle gleich. Alle sind den gleichen Versuchungen ausgesetzt (3,5–11), und es gibt nur eine Möglichkeit, ihnen nicht zu erliegen: „Trachtet nach dem, was droben ist, nicht nach dem, was auf Erden ist. Denn ihr seid gestorben, und euer Leben ist mit Christus in Gott verborgen... Da ist nicht mehr Grieche oder Jude, Beschnittener oder Unbeschnittener, Nichtgrieche, Skythe, Sklave oder Freier, sondern alles und in allen Christus" (3,2–3 und 11).

Statt falschen Wertmaßstäben zu folgen, die sie aufgrund eigener unnützer Spekulationen selbst festgelegt hatten, sollten sich die Kolosser wieder daran erinnern, daß der einzige Ehrgeiz eines Christen darin bestehen sollte, Christus gleich zu werden (3,12–17). „Und alles, was ihr tut mit Worten oder mit Werken, das tut alles im Namen des Herrn Jesus und dankt Gott, dem Vater, durch ihn" (3,17).

Mit ihrer Vorliebe für Askese und Spekulationen hatten die Irrlehrer der Gemeinde in Kolossä den christlichen Glauben aus dem Bereich des wirklichen Lebens herausgelöst. Paulus aber war seit jeher davon überzeugt gewesen, daß der christliche Glaube ein Glaube für das alltägliche Leben sein müsse. So stellte er am Ende seines Briefes heraus, wie die Kraft Christi, die in seinen Nachfolgern lebt (1,27), sich auch in der Familie erweist (3,18–21), bei der Arbeit (3,22–4,1), in der Gemeinde (4,2–4) und im Leben allgemein (4,5–6).

Paulus schreibt an die Gemeinde von Ephesus

Im Kolosserbrief gibt es einen Hinweis auf einen anderen Brief: „Und wenn der Brief bei euch gelesen ist, so sorgt dafür, daß er auch in der Gemeinde von Laodizea gelesen wird und daß ihr den von Laodizea lest."

Kol 4,16

Laodizea war eine Stadt in der Nähe von Kolossä, und Paulus wollte, daß die Gemeinden die Briefe untereinander austauschten. Im Neuen Testament gibt es bekanntlicherweise keinen Brief an Laodizea. Als die frühchristliche Kirche diese Lücke entdeckte, ließ sie keine Zeit verstreichen, um möglichst bald einen solchen Brief herbeizuschaffen. Davon ist uns eine lateinische Ausgabe bekannt, möglicherweise gab es auch eine griechische. Es ist jedoch so gut wie sicher, daß es sich bei diesem Brief (dessen Datierung nahezu unmöglich ist) um eine Fälschung handelt. Er enthält keinerlei theologische Aussagen und ist ansonsten eine sinnlose Aneinanderreihung von Teilen und Bruchstücken aus anderen Briefen des Paulus.

Die meisten heutigen Theologen sind jedoch der Auffassung, daß wir tatsächlich ein Exemplar des erwähnten Briefes an die Gemeinde von Laodizea besitzen, und zwar im neutestamentlichen Brief an die Epheser. Dieser enthält die gleiche Lehre über die Person Christi, wie wir sie im Kolosserbrief finden, allerdings ausführlicher und sorgfältiger formuliert und ohne die ausdrücklichen Hinweise auf die Irrlehre der Kolosser.

Es gibt drei Gründe, die uns vermuten lassen, daß dieser Brief nicht nur für die Epheser, sondern auch für andere Gemeinden dieser Region bestimmt war:

● In den ältesten und besten Handschriften des Briefes sind die Worte „in Ephesus" in Kap. 1,1 (der einzige Hinweis auf den Bestimmungsort des Briefes) nicht enthalten. In heutigen Übersetzungen werden daher die Worte „in Ephesus" oftmals in Klammern gesetzt.

● Der Brief enthält keinerlei persönliche Grüße, obwohl Paulus gerade in Ephesus vermutlich mehr Freunde hatte als anderswo.

● Der Ketzer Marcion im 2. Jahrhundert nennt den Epheserbrief den „Brief an die Laodizener".

Von daher können wir annehmen, daß der Epheserbrief ein Rundbrief war, adressiert an verschiedene Gemeinden. In diesem Fall hätten die Worte „Ephesus" auf der Kopie gestanden, die an eben diese Stadt gerichtet war, wohingegen die im Kolosserbrief erwähnte Kopie mit den Worten „in Laodizea" versehen gewesen sein müßte.

Der Epheserbrief

Im Epheserbrief unterstreicht Paulus aufs neue, welch zentrale Stellung Christus im Plan Gottes und im Leben der Gläubigen einnimmt. Zu Beginn des Briefes erinnert er seine Leser an die vielen Vorrechte, die sie in Christus besitzen. Obwohl die Empfänger des Schreibens früher ihren „bösen Trieben und Gedanken" gefolgt sind (Eph 2,3), hat Gott sie in eine neue Stellung erhoben. Sie sind „mit Christus lebendig gemacht. Und... mit ihm auferweckt und zusammen mit ihm in die himmlische Welt versetzt..." (2,5–6). Jeder einzelne Christ ist ein Teil der neuen Schöpfung Gottes geworden, die er geplant hat, „um in ihr alles zu vereinen, was im Himmel und auf Erden ist" (1,10).

Die gebräuchliche Buchform z. Z. des Paulus war die Schriftrolle aus Pergament oder Papyrus. Die Rolle wurde beim Lesen mit der einen Hand entrollt und mit der anderen neu aufgerollt.

Einigen seiner Leser hatte Paulus dieses vorher schon persönlich gesagt. Denn es gehörte zu seiner besonderen Aufgabe, „den Heiden den unausforschlichen Reichtum Christi zu verkünden" (3,8) und ihnen darzulegen, wie sie im täglichen Leben diese Reichtümer empfangen und genießen könnten. Möglicherweise standen einige der Briefempfänger unter dem Einfluß einer ähnlichen Irrlehre wie in Kolossä. Ihnen sagt Paulus, sie könnten die Erfüllung, die sie suchten, nur empfangen, wenn sie bereit wären, „mit der ganzen Gottesfülle" erfüllt zu werden (3,19); und diese sei nur in Christus zu finden.

Nach der ausführlichen Darstellung Christi als dem Retter der Welt und als der Quelle aller körperlichen, geistigen und geistlichen Kraft und Erkenntnis erklärt Paulus, welche praktischen Konsequenzen aus dieser Erkenntnis zu ziehen sind. Wenn die Epheser wirklich Glieder des Leibes Christi, neue Menschen und Kinder Gottes sind, so müsse sich dieses in ihrem Handeln beweisen:

● In der Gemeinde sollten sie sich darum mühen, „die Einigkeit im Geist zu wahren durch das Band des Friedens" (4,3). Wie schon in 1. Kor 12 sagt Paulus auch hier in Kap. 7,7–16: „Ihr könnt damit rechnen, daß euch, wenn diese Einigkeit des Geistes besteht, ,Gaben' geschenkt werden, die zum Wachstum und der Entwicklung des Leibes dienen." Sobald ein Glied etwas Falsches tut, werden auch alle anderen davon betroffen, weil die Christen in der Gemeinde eng miteinander verbunden sind. Darüber hinaus würde es den Geist Gottes betrüben (4,30).

Angesichts dessen, was Gott für sie in Christus getan hat, fordert Paulus die Christen auf: „Seid aber zueinander freundlich und herzlich und vergebt einer dem andern, wie auch Gott euch in Christus vergeben hat" (4,32). Er konnte sie sogar auffordern, „Gottes Nachfolger" zu sein (5,1), indem sie in ihrem Umgang miteinander die gleiche aufopfernde Liebe zeigten, wie Gott sie in Christus gezeigt hatte.

● Was nun ihren sittlichen Wandel betraf, so galt für die Christen: „…habt keine Gemeinschaft mit den unfruchtbaren Werken der Finsternis" (5,11). Als besonderes Kennzeichen sollten sie „vom Geist erfüllt sein" (5,18). Was das zur Folge hat, zählt Paulus in Gal 5,22–23 auf.

● Auch im gesellschaftlichen Umgang sollte das Tun der Christen von selbstloser Liebe bestimmt sein, gleichgültig, ob es sich bei anstehenden Problemen um Familien- (5,21–6,4) oder Arbeitsprobleme (6,5–9) handelte.

Zum Schluß erinnert Paulus daran, daß die Christen in ihrem Leben mit Widerstand rechnen müssen, mit den „listigen Anschlägen des Teufels", gegen die sie die „Waffenrüstung

Gottes" anziehen sollen (6,11).

Was Paulus hier ausführte, verstand er nicht nur als eine ethische Theorie. Wie könnte ein Mensch von der gleichen selbstlosen Liebe bestimmt werden, die Gott in Christus gezeigt hat? Paulus wußte aufgrund seiner eigenen Erfahrungen und der Erfahrungen anderer, daß dies einzig und allein dann möglich wird, wenn der Christ „stark im Herrn und in der Macht seiner Stärke" ist (6,10). Dieses Wissen hatte Paulus schon in seinem allerersten Brief besonders unterstrichen, und ein lebenslanges Wirken für Christus hatte ihn in seinem Glauben bestärkt, daß wir, „wenn wir im Geist leben, ... uns auch nach dem Geist richten" sollen (Gal 5,25).

Paulus schreibt an die Gemeinde von Philippi

Mit dem Philipperbrief liegt uns ein weiterer Gefangenschaftsbrief des Paulus vor. Neben dem Brief an Philemon ist dies sein persönlichstes Schreiben. Paulus bestätigt darin den Empfang einer Gabe, die ihm die Gemeinde in Philippi zu seiner finanziellen Unterstützung während seines Aufenthaltes in Rom zugesandt hatte. Einer der Christen aus Philippi, ein Mann mit Namen Epaphroditus, hatte die Gabe überbracht. Während seines Aufenthalts in Rom war er dem Paulus eine große Hilfe gewesen. Als Epaphroditus dann nach Philippi zurückreiste, nahm er den Brief des Paulus mit.

Der längste Teil des Schreibens betrifft persönliche Angelegenheiten des Paulus, die mit seiner möglichen Freilassung zusammenhingen; außerdem drückt er seine herzliche Zuneigung zu den Christen in Philippi aus.

● Dennoch gab es in der dortigen Gemeinde Meinungsverschiedenheiten. Besonders unter zwei Frauen, Euodia und Syntyche, scheinen ziemliche Unstimmigkeiten geherrscht zu haben. Das, was Paulus ihnen als Hilfe in diesem Zusammenhang geschrieben hat, wurde zu dem wohl bekanntesten Abschnitt seiner Briefe, der „Christushymnus".

Siehe Phil 2,1–4; 4,2–3

Phil 2,5–11

Es wird allgemein angenommen, daß Paulus mit den Worten von der Erniedrigung Christi und dessen Erhöhung einen frühchristlichen Hymnus zitierte, der seinen Lesern in Philippi und wahrscheinlich auch den Christen in anderen Gemeinden bekannt war. Jedenfalls ist dieser Abschnitt im Stil einer Hymne geschrieben, in einem bestimmten Rhythmus, sorgfältig ausgewogenen Zeilen und dem „parallelismus membrorum", einer charakteristischen Form der hebräischen Poesie.

● Das Beispiel des Christus. Der „Christushymnus" ist

aber auch noch aus anderen Gründen bemerkenswert. In ihm führt Paulus zum einzigen Mal in seinen Briefen (außer in 2. Kor 8,9–10, mit dieser Stelle fast identisch) das Beispiel Jesu als Muster für christliches Verhalten an.

Wenn heutige Prediger ihre Zuhörer dazu auffordern, dem Beispiel Christi nachzueifern, so denken sie dabei meistens an die Dinge, die Jesus während seines Dienstes auf Erden getan hat. Die Evangelien enthalten zahllose Beispiele für das Mitleid, die Fürsorge und die guten Werke Christi. Auffallenderweise drängt Paulus die Christen nie, diesem Beispiel zu folgen. In den Fällen, wo er das Handeln Christi als nachahmenswertes Beispiel anführt, bezieht er sich einzig auf das, was Christus um seiner Menschwerdung willen alles aufgegeben hat. Dieser Gedanke war für Paulus außerordentlich wichtig; er gehörte zum Kernstück seiner Theologie. Ein Mensch muß, um überhaupt Christ zu werden, bereit sein, sich selbst und alles, was er ist, vollständig Christus zu übergeben. Das war die Lektion, die Paulus auf der Straße nach Damaskus gelernt hatte. Wie ein roter Faden zieht sich diese Anschauung durch alle seine Briefe.

Wann und wo befand sich Paulus in Gefangenschaft?

Bisher haben wir angenommen, daß die Briefe, die Hinweise auf die Gefangenschaft des Paulus enthalten, zwischen den Jahren 60 und 62 von Rom aus geschrieben worden sind, denn in der Apostelgeschichte wird lediglich von dieser Gefangenschaft berichtet.

Einige Theologen vertreten jedoch die Auffassung, daß mindestens zwei dieser vier Gefangenschaftsbriefe nicht in Rom, sondern während einer nicht ausdrücklich erwähnten Gefangenschaft in Ephesus geschrieben worden sind. Diese Gefangenschaft soll in die Zeit während des dreijährigen Aufenthaltes des Paulus in Ephesus fallen. Eine beträchtliche Anzahl von Hinweisen spricht für eine solche Annahme.

In 2. Kor 11,23, gegen Ende seines Aufenthaltes in Ephesus geschrieben, sagt Paulus, im Vergleich zu anderen christlichen Aposteln habe er „mehr gearbeitet, ich bin *öfter* gefangen gewesen*, ich habe mehr Schläge erlitten, ich bin oft in Todesnöten gewesen". In 1. Kor 15,32 schreibt Paulus, er habe „in Ephesus mit wilden Tieren gekämpft", was wir an früherer Stelle als Ausdruck für schärfsten Widerspruch bezeichneten. Noch einmal spricht Paulus in 2. Kor 1,8 von der „Bedrängnis, die uns in der Provinz Asia widerfahren ist". Ephesus war die Hauptstadt dieser römischen Provinz. Außerdem bezieht er sich im Römerbrief (16,7), den er kurz nach seiner Abreise aus Ephesus schrieb, auf zwei Personen als auf seine „Mitgefangenen".

Weitere Hinweise auf eine Gefangenschaft in Ephesus finden wir in den lateinischen Einführungen zu neutestamentlichen Büchern, die im 2. Jahrhundert unter dem Einfluß des Gnostikers Marcion geschrieben wurden. Auch die (nicht echten) „Akten des Paulus" aus dem 2.

Jahrhundert sprechen von einer Gefangenschaft des Paulus in Ephesus. Dieser Gefangenschaft soll sich ein Kampf mit Löwen angeschlossen haben, aus dem Paulus durch ein Wunder befreit wurde.

Dies alles spricht dafür, daß Paulus tatsächlich während seines dreijährigen Aufenthaltes in Ephesus eine Zeit der Gefangenschaft erdulden mußte. (Das heißt noch nicht, daß seine „Gefängnisbriefe" nun zwangsläufig von Ephesus aus geschrieben worden sind.) Es gibt noch mehr Argumente, die dafür sprechen:

● Es erscheint wahrscheinlicher, daß die

Paulus konnte in Rom nicht auf dem Marktplatz, dem Zentrum der Stadt (siehe Abbildung) das Evangelium verkündigen. Er war ein Gefangener. Doch seine Gefangenschaftsbriefe, die im Neuen Testament enthalten sind und möglicherweise von Rom aus geschrieben wurden, bewirkten mehr, als es eine mündliche Predigt je hätte tun können.

Freunde, die während seiner Gefangenschaft den Kontakt zwischen Paulus und den Gemeinden aufrechterhielten, sich in Ephesus und nicht in Rom befunden haben. Rom war für Paulus Neuland und sehr weit von bekannten Gemeinden entfernt. Dagegen spricht allerdings, daß wir fast überhaupt nichts über diese Gefährten des Paulus wissen. Lukas war ganz gewiß mit Paulus in Rom, nicht aber in Ephesus.

● Weiterhin argumentiert man, daß der Sklave des Philemon, Onesimus, mit größerer Wahrscheinlichkeit nach Ephesus geflüchtet sei, das nur ungefähr 130 Kilometer von seiner Heimatstadt Kolossä entfernt lag, und nicht etwa nach Rom, das immerhin 1300 Kilometer weit weg war. Aber auch das ist kein überzeugendes Argument; denn zu jener Zeit führten buchstäblich alle Wege nach Rom.

● Der Inhalt des Philipperbriefes hinterläßt den Eindruck, als habe es zwischen Paulus und der Gemeinde in Philippi ein reges Hin und Her gegeben; und Philippi lag viel näher bei Ephesus als bei Rom. Dieser Umstand wird oft als Bestätigung dafür gesehen, daß zumindest der Philipperbrief in Ephesus geschrieben wurde.

● Als stärkstes Argument für Ephesus als Ort der Gefangenschaft gilt allerdings die Tatsache, daß Paulus sich in seinen Briefen auf die baldige Freilassung freut, wonach er seine Freunde sowohl in Philippi als auch in Kolossä besuchen will. In Röm 15, 24–28 macht er jedoch unmißverständlich klar, daß er nicht die Absicht habe, nach seinem Besuch in Jerusalem erneut die von ihm gegründeten Gemeinden aufzusuchen, sondern daß er über Rom nach Spanien reisen will.

Es ist also sehr wahrscheinlich, daß Paulus während seines Aufenthalts in Ephesus eine Zeitlang gefangen war. Es ist weiterhin sehr gut möglich, daß zumindest der Philipperbrief während dieser Zeit geschrieben worden ist. Er wäre dann zeitlich auf das Jahr 55 festzulegen und nicht auf das Jahr 62.

Paulus und der auferstandene Christus

„Ich bin mit Christus gekreuzigt. Nun lebe nicht mehr ich, sondern Christus lebt in mir." Davon war Paulus überzeugt. Und es ist diese Überzeugung, die uns Aufschluß und Einblick in die Argumentation seines ersten Briefes – des Galaterbriefes – gibt. Jahre später, als er an die Gemeinde von Philippi schrieb, legte er darauf erneut das Schwergewicht: „Denn Christus ist mein Leben." Zwischen diesen beiden Aussagen liegt ein Leben voller Erfahrungen mit Christus. Paulus hatte erlebt, was der auferstandene Christus mit dem Leben und den Begabungen eines Menschen tun kann, wenn diese der Herrschaft Christi unterstellt werden. Alle Mühsale seines Lebens konnten die Freude an Christus nicht schmälern: „Ja,

Gal 2,20

Phil 1,21

Phil 3,8

ich achte es noch alles für Schaden gegenüber der überschwenglichen Erkenntnis Christi Jesu, meines Herrn."

In all seinen Briefen aus dem Gefängnis hat Paulus dies wiederholt.

Hat Paulus die Pastoralbriefe geschrieben?

Die Briefe, die unter dem Oberbegriff „Pastoralbriefe" (1. und 2. Timotheus und Titus) zusammengefaßt sind, unterscheiden sich stark von den anderen Briefen des Paulus. Sie waren nicht an Gemeinden gerichtet, sondern an einzelne Personen: an Timotheus in Ephesus und an Titus auf Kreta. In Form, Stil und Thema sind sich die drei Briefe sehr ähnlich. Aber gerade in diesen Bereichen unterscheiden sie sich deutlich von den anderen Briefen des Paulus. Die Unterschiede sind so auffallend, daß nach Ansicht vieler heutiger Theologen diese Briefe nicht von Paulus geschrieben sein können.

Dazu müssen wir auf vier wichtige Punkte näher eingehen:

Die Wege des Paulus

Es ist schwierig, die Wege des Paulus, wie sie in diesen drei Briefen angegeben werden, in Einklang mit den Ereignissen in der Apostelgeschichte zu bringen. Daher gibt es für die historischen Hinweise in diesen Briefen im wesentlichen drei Erklärungsversuche:

● Erster Erklärungsversuch: *Paulus wurde aus der Gefangenschaft freigelassen, von der uns am Ende der Apostelgeschichte berichtet wird.* Er setzte seine missionarische Tätigkeit etwa zwei weitere Jahre fort und fand erst danach in Rom den Tod. Die Apostelgeschichte erzählt uns nichts von einer solchen Freilassung. Doch deswegen ist sie nicht von vornherein auszuschließen, denn es lag ja nicht in der Absicht des Lukas, eine Paulusbiographie zu schreiben.

Dieser erste Erklärungsversuch hat eine lange Tradition. Seit den frühen Tagen der Christenheit gibt es die Auffassung, Paulus sei freigelassen worden und habe seine Arbeit fortgesetzt. Auch heute vertreten noch einige Wissenschaftler diesen Standpunkt. Doch selbst wenn wir davon ausgehen, bleibt es schwierig, all die Reisehinweise, die wir in den Pastoralbriefen finden, so zusammenzufügen, daß daraus eine vernünftige „Reise" wird.

● Zweiter Erklärungsversuch: Nachdem einige radikale Theologen des 19. Jahrhunderts, wie z. B. F. C. Baur, diese Schwierigkeit erkannt hatten, äußerten sie die Vermutung, *diese Briefe stammten in Wirklichkeit aus dem zweiten Jahrhundert.* Sie seien von Leuten geschrieben worden, die versucht hätten, den zu dieser Zeit bei der Kirche „in Ungnade gefallenen" Paulus neu zu deuten. Die Reiseandeutungen hätten sie einfach erfunden, um damit ihrem Werk einen Hauch von Realität zu verleihen.

Bei dieser Betrachtungsweise ergibt sich allerdings folgende Schwierigkeit: Die historischen Hinweise in diesen Briefen sind nämlich so gar nicht von der Art, die irgend jemand erfinden würde. Nehmen wir als Beispiel 2. Tim 4,13: „Den Mantel, den ich in Troas bei Karpus gelassen habe, bringe mit, wenn du kommst, und auch die Bücher, vor allem die Pergamente." Einzelheiten dieser Art würde ein „Paulinist" wohl kaum erfinden. Sie enthalten keinerlei theologische Aussage und sagen uns überhaupt nichts Wesentliches über Paulus selbst. Es ist also wahrscheinlich, daß hier eine echte Notiz aus dem alltäglichen Leben vorliegt.

● Dritter Erklärungsversuch: Andere Theologen machten folgenden Vorschlag: Die Briefe in ihrer gegenwärtigen Form seien zwar erst im zwei-

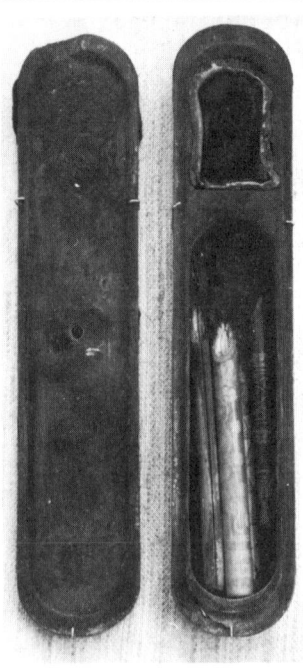

Paulus diktierte seine Briefe zum großen Teil und fügte lediglich einige persönlich geschriebene Grüße hinzu. Dieses Kästchen aus Holz stammt aus der Zeit des Paulus. Es enthält Schreibgeräte und ein noch halb gefülltes „Tintenfaß".

ten Jahrhundert geschrieben worden, *sie enthielten aber Teile aus echten Paulusschriften*, wie zum Beispiel der Vers in 2. Tim 4, den wir oben erwähnt haben. P. N. Harrison äußerte die Meinung, daß im 2. Timotheusbrief und im Titusbrief fünf „echte" Paulusschriftstücke zu entdecken seien, die ein Schreiber des zweiten Jahrhunderts in seine eigenen Schriften eingepaßt hätte.

Aber es fällt schwer zu erklären, wie oder warum fünf solcher Fragmente seit der Zeit des Paulus fast ein ganzes Jahrhundert später, unabhängig von anderen Texten, existieren konnten.

Gemeindeorganisation

Es wird immer wieder darauf hingewiesen, daß die Gemeindestruktur, wie sie in den Pastoralbriefen sichtbar wird, anders sei als die in den frühen Paulusbriefen. Es spiegele sich in den Pastoralbriefen das Bild der Kirche des zweiten Jahrhunderts wider mit ihren monarchischen Bischöfen und ihrer komplizierten Organisation. Dieses Argument ist jedoch nicht stichhaltig.

● In seinen frühen Briefen hat sich Paulus nie direkt über die Pflichten eines Gemeindevorstehers geäußert. Daher sollte es nicht überraschen, daß die Briefe, die gerade dieses Thema haben, von der Organisation einer Gemeinde handeln.

● In den Pastoralbriefen werden keine „Amtspersonen" genannt, die nicht schon in der Apostelgeschichte oder in den frühen Briefen des Paulus erwähnt wurden.

● Die Position des Timotheus oder des Titus ist nicht zwingend die eines „monarchisch" herrschenden Bischofs, wie man gern voraussetzt. Genauso überzeugend ist die Darstellung in den Briefen selbst, daß sie nämlich persönliche Boten des Paulus sind. Ihre Autorität liegt darin begründet, daß Paulus ein Apostel war und sie selbst dessen Gesandte.

● Die ganze Argumentation gegen die Autorenschaft des Paulus fußt auf der Annahme, die Pastoralbriefe seien gegen eine gnostische Irrlehre gerichtet gewesen und müßten daher aus dem zweiten Jahrhundert stammen. Heute wird jedoch von vielen weitgehend anerkannt, daß die Form der Gnosis, wie sie sich im zweiten Jahrhundert abzeichnete, in den Pastoralbriefen *nicht wiedererkannt werden kann*. Die Erscheinungen, gegen die sich Timotheus und Titus wandten, unterschieden sich nicht wesentlich von denen, die Paulus schon früher in Korinth und Kolossä angetroffen hatte.

Lehrhafte Unterweisung

Einige Theologen behaupten, die Pastoralbriefe enthielten sehr wenig von den sonst üblichen dogmatischen Lehrinhalten des Paulus, abgesehen von einigen Aussagen, die sich auf den Glauben beziehen (z. B. 1. Tim 1,15). Die Lehre vom Heiligen Geist sei hier nicht erwähnt; und während zu Zeiten des Paulus die Gemeinde durch den Geist oder „charismatisch" geleitet worden wäre, würde sie in den Pastoralbriefen eher „organisiert" sein. Von daher müßten die Briefe aus einer späteren Zeit stammen. Dazu kann zweierlei gesagt werden:

● Die Charismenlehre des Paulus setzt nicht voraus, daß in der frühen Gemeinde alles unorganisiert gewesen sei. Schon in 1. Kor 12–14, wo Paulus über die Geistesgaben (charismata) spricht, läßt er deutlich durchblicken, daß es in der Gemeinde Ordnung und Aufgabenteilung geben müsse. Nicht jeder Mann und jede Frau würde vom Geist zum gleichen Dienst ausgerüstet. In Phil 1,1 und 1. Thess 5,12 sehen wir, daß Paulus einer geordneten Führung in der Gemeinde zustimmte. Nach Apg 14,23 setzte er selbst Älteste ein. Dabei sollte es sich zwar um Männer und Frauen handeln, die vom Geist geleitet und bevollmächtigt sind. Aber darin sieht Paulus keinen Gegensatz zur formalen Gemeindeordnung, genausowenig wie er auf eine Missionsstrategie für seine eigene Arbeit verzichtete, obwohl der Geist ihn leitete (Apg 16,7).

● Es ist auch falsch zu behaupten, der Heilige Geist spiele in den Pastoralbriefen keine Rolle. Sein Wirken im Leben des Gläubigen (2. Tim 1,14) wird hier genauso betont wie in anderen Briefen. Von Timotheus selbst wird gesagt, er sei durch Prophetie von Gott zum Dienst berufen worden. Und das war eine der charakteristischen Wirkungsweisen des Geistes (1. Tim 1,18).

Stil und Vokabular

Wirklich starke Unterstützung findet die Behauptung, die Pastoralbriefe stammten nicht von Paulus, im Stil und im Vokabular der Briefe. Es gibt in ihnen ungefähr 175 Wörter, die in den anderen Briefen des Paulus nicht vorkommen. Laut Harrison sind diese Wörter alle eher typisch für christliche Schreiber des 2. Jahrhunderts, und nicht für solche des 1. Jahrhunderts. Hinzu kommt, daß die Anordnung der Bindewörter „und" und „aber" sowie weiterer Konjunktionen einen anderen Stil erkennen läßt.

Dies alles ist recht beeindruckend und sollte nicht leichtfertig beiseite geschoben werden. Dennoch dürfen wir bezweifeln, daß die Frage damit entschieden ist. Es gibt Sprachexperten, die der Ansicht sind, die Pastoralbriefe seien zu kurz, um genug Material für eine verläßliche Wortanalyse dieser Art zu liefern. Und selbst wenn sie verläßlich wäre, dürften wir nicht vergessen, daß die in den Pastoralbriefen behandelten neuen Themen auch neue Wörter verlangen. Auch das Argument bezüglich des Gebrauchs bestimmter Bindewörter wirkt nicht ganz überzeugend angesichts der Tatsache, daß auch im Kolosserbrief und im 2. Thessalonicherbrief weit weniger von ihnen vorkommen als in anderen Briefen des Paulus.

Die Argumente, die für Paulus als den Verfasser dieser Briefe sprechen, sind genauso zahlreich wie die, die gegen ihn ins Feld geführt werden. Deshalb haben wir guten Grund, und frühchristliche Hinweise unterstützen dies noch, Paulus als Autor dieser Briefe anzunehmen. Er hat sie zwischen den Jahren 62 und 64 geschrieben.

8. Ein Mensch „in Christus"

Wer war Paulus?   124

Die Bekehrung des Paulus   124

Paulus heute   125

Paulus – ein Mensch „in Christus"   126

Freiheit von Schuld   126

Gleichheit vor Gott   127

Achtung vor den anderen   127

Im ersten Kapitel dieses Buches versuchten wir die Frage zu beantworten: „Wer war Paulus?" Wir können diese Frage jetzt erneut stellen, nachdem wir einiges aus seinem Leben und aus seinen Briefen kennengelernt haben.

Wer war Paulus?

Für die Judaisten der Galatergemeinde war Paulus ein Abtrünniger, der das jüdische Gesetz verworfen hatte. Für sie war Paulus ein Mann, der im Widerspruch zur Grundlage des Glaubens stand. Er behauptete, Christen könnten ohne das Gesetz leben – eine Auffassung, die nach Ansicht der Judaisten die heidenchristlichen Gemeinden nur in die Sittenlosigkeit führen konnte.

Für viele Heidenchristen hingegen war Paulus immer noch zu sehr Jude. Kein fanatischer Jude, zugegeben, aber immer noch einer, dem es nicht gelang, die jüdischen Vorurteile gegenüber den Heiden zu überwinden. Er behauptete zwar, er brauche das Gesetz nicht mehr buchstabengetreu einzuhalten, von diesem Zwang sei er befreit; sein Handeln stand aber oftmals nicht in Einklang mit dieser Freiheit; so wenigstens erschien es den Heidenchristen. Warum sollte er sich sonst so darüber aufgeregt haben, daß einige der Christen von Korinth die moralische und geistliche Freiheit voll ausgelebt hatten? Er selbst hatte ihnen doch diese Freiheit in seiner Botschaft verkündet!

Doch die Position des Paulus lag irgendwo zwischen diesen beiden Extremen. Es besteht kein Zweifel, daß er weder seine Abstammung vom Stamm Benjamin, noch seine Erziehung zum Pharisäer je vergessen hat. Trotz seiner besonderen Berufung zum Apostel der Heiden und trotz seines festen Glaubens, daß in Christus die Rassenschranken aufgehoben sind, war und blieb er stolz darauf, ein Jude zu sein.

Die Bekehrung des Paulus

Dieser Stolz wirft ein zusätzliches Licht auf die Bekehrungsgeschichte des Paulus. Für ihn als rechtgläubigen Juden war der Gehorsam gegenüber dem Gesetz der Mittelpunkt des jüdischen Glaubens gewesen. Wenn er seine wahre Würde als Jude und sein endgültiges Heil erreichen wollte, mußte er schon den langen und mühevollen Weg des Gehorsams gegenüber dem Gesetz (Thora) gehen.

In Röm 7 gibt Paulus einen bemerkenswert offenen und ehrlichen Bericht über den Kampf, der damals, als er noch Pharisäer war, in seinem Innern getobt hatte. Während er sich abmühte, das Gesetz einzuhalten, erkannte er, daß dies unmöglich war; eine Erkenntnis, die ihn in die Verzweiflung trieb, aus der ihn das Gesetz nicht erretten konnte. Es war typisch für ihn, daß er nach der Erkenntnis seiner Unfähigkeit, das Gesetz durch Gehorsam zu erfüllen, einen neuen Weg suchte, wie er seinem brennenden Stolz auf das Judentum Ausdruck verleihen könne; den Weg dazu fand er in der Verfolgung der Christen, die für ihn die Erzfeinde des Gesetzes waren.

Aber bei seiner Bekehrung sah er den auferstandenen Christus. Er erkannte, daß das Gesetz und all die Dinge, auf die er sich bisher verlassen hatte, verglichen mit seinem neuen Herrn und Meister, wertlos waren. Die Entdeckung, daß sein Heil weder von seinen Vorrechten als Jude noch von seinen eigenen Fähigkeiten, sich für Gott ethisch und moralisch annehmbar zu machen, abhing, veränderte seine gesamte Weltsicht. Die Verkündigung der Erlösung durch die Tat Christi wurde nun zu seiner Botschaft. Es war eine Botschaft, die auch den Heiden zuteil werden sollte; also Leuten, die er als Jude gründlich verachtet hatte, die aber jetzt zu seinen Brüdern und Schwestern in Christus wurden. Die Juden, davon war Paulus überzeugt, hatten trotz ihres Unglaubens nach wie Röm 9–11 vor einen Platz in Gottes Plan.

Paulus heute

Die Einstellung, die man Paulus heute entgegenbringt, hat sich in vielem geändert. Die religiöse Unterscheidung zwischen Juden und Heiden ist uns nicht mehr so vertraut. Sie ist für uns auch nicht mehr wichtig. Aus diesem Grunde ist es nur natürlich, daß viele Theologen das Leben und die Lehre des Paulus mit neuen Augen sehen.

Es gab eine Zeit, in der man Paulus für einen theoretisierenden Theologen hielt; er sei dafür verantwortlich, daß sich die einfache und praktische Lehre Jesu zu einem undurchsichtigen theologischen System aufgebläht habe. Doch das ist falsch. Jesus war weder der schlichte ethische Lehrer noch Paulus der philosophierende Theologe. Die Briefe des Apostels Paulus waren – vielleicht mit Ausnahme des Römerbriefes – Gelegenheitsschreiben.

Seine Theologie ist also nicht am Schreibtisch entstanden; sie mußte sich im alltäglichen Leben auf ihre Tauglichkeit hin bewähren.

Paulus –
ein Mensch „in Christus"

Was war das Kernstück seiner Theologie? Vielleicht die Tatsache, daß er „In-Christus" war. Durch dieses „In-Christus-Sein" konnte ein Mensch vor Gott gerechtfertigt werden und an dem neuen Leben teilhaben, das Jesus gebracht hatte. 2. Kor 12,2 Durch dieses „In-Christus-Sein" konnte ein Mensch der Sünde absterben und zu neuem Leben erhoben werden, versöhnt mit Gott.

Für Paulus war dies keine bloß theologische Aussage. Es war etwas, das er selbst erfahren hatte – von dem Augenblick an, in dem er auf der Straße nach Damaskus dem auferstandenen Christus begegnete.

Dieser Herr übermittelte ihm nicht bloß eine neue Ethik oder Dogmatik, sondern neues Leben. Es war Leben, das eine Verbundenheit mit anderen schuf, die alle sozialen und geistigen Barrieren überwand.

Gerade auf diesem Gebiet hat uns Paulus heute viel zu sagen. Indem er sein Leben unter die Herrschaft des lebendigen Christus stellte, empfand Paulus eine Befriedigung und einen Frieden, die er in einer gesetzlichen Religion nicht hatte finden können. In Christus wurde er zum „wahren Menschen". Zum erstenmal konnte er sich selbst und sein tiefstes Wesen erkennen, und zum erstenmal wußte er um den wahren Sinn des Lebens.

Dieser Sinn lag zu einem Teil darin, daß Gott den Menschen zur Gemeinschaft mit sich berief. Durch diese Erkenntnis wurde Paulus aber auch klar, daß in Christus alle trennenden Barrieren zwischen Männern und Frauen, zwischen Rassen, Kulturen und Gesellschaftsschichten überwunden werden können. Die Beziehung des einzelnen zu Christus spielt sich nicht nur im Innern oder im geistlichen Bereich ab. Sie bewirkt auf ganz praktische Weise eine neue Gemeinschaft all jener, die „in Christus Jesus" sind. Gal 3,28

Freiheit von Schuld

Aufgrund der Opferung Christi und seiner Auferstehung hatte Paulus für das größte aller menschlichen Probleme die Lösung gefunden: für das Problem der Schuld.

Eine Zeitlang galt es als modern, in der Schuld, von der Paulus spricht, lediglich die Folge seiner jüdischen Erziehung zu sehen; und das war oftmals Grund genug, seinen christlichen Glaubensgrundsätzen wenig Beachtung zu schenken. Aber die Psychologen unserer Tage sehen sich allmählich genötigt, in der Schuld ein gemeinsames Erbe der gesamten

Menschheit zu sehen. Sie führen dafür viele Erklärungen an. Paulus bezweifelt nicht, daß *seine* Erklärung über die Ursache der Schuld richtig ist: die Mißachtung Gottes, und daß es dafür nur eine Lösung gibt: Christus. Dies mußte jeder Mensch erfahren.

Gleichheit vor Gott

Paulus kam zu der Einsicht, daß vor Gott alle Menschen den gleichen Wert haben; für die Antike eine revolutionäre Feststellung. Es machte einfach keinen Unterschied mehr, ob der andere ein Mann oder eine Frau war, ein Sklave oder ein freier Mann, gebildet oder ungebildet.

Auch darin war Paulus für spätere Generationen bahnbrechend, obgleich die Christen oftmals die Bedeutung dieser Erkenntnis übersehen haben. Und doch verdanken wir es teilweise Paulus, daß die Sklaverei in der westlichen Welt schließlich abgeschafft wurde. Und auch der Kampf unserer Tage für die Gleichberechtigung der Rassen und Geschlechter verdankt viel den Lehren des Paulus, auch wenn dies nur wenigen bewußt ist.

Achtung vor den anderen

Weil Paulus wußte, daß es unter den Menschen keine Wertunterschiede gibt, konnte er auch die Gefühle und Überzeugungen anderer respektieren. Sein Rat an die Korinther bezüglich des Essens von Opferfleisch bietet uns dafür ein klassisches Beispiel.

Heute gehen strenge Glaubensgrundsätze oftmals Hand in Hand mit Intoleranz, Frömmelei und Engstirnigkeit. Paulus bietet ein eindrückliches Gegenbeispiel als Mann, der zwar von einer Sache fest überzeugt ist, der aber dennoch aufgeschlossen bleibt.

Es entspricht sicherlich der Wahrheit, daß seine wirkliche Größe weder in seinen natürlichen Gaben lag, wie außergewöhnlich sie auch gewesen sein mögen, noch in seinem Erfolg als fähiger Missionar, noch etwa in seinen theologischen Schriften, obgleich mehr als ein Drittel des Neuen Testaments von ihm stammt. Die wahre Größe des Paulus erkennen wir vielmehr, wenn wir ihn mit seinen eigenen Augen sehen: als „einen Menschen in Christus". Er war ein Mann, der sich selbst auf die denkbar radikalste Weise verleugnete und für den sein auferstandener Herr alles bedeutete.

Phil 3,8 „Ja, ich achte es noch alles für Schaden gegenüber der überschwenglichen Erkenntnis Christi Jesu, meines Herrn."

Brunnen-Studienbücher von John Drane

Jesus – Sein Leben, seine Worte, seine Zeit
160 Seiten. Mit Fotos und Karten. 2. Auflage

Die Frage „Wer war Jesus von Nazareth?" steht weiter im Kreuzfeuer unterschiedlicher Meinungen. Der englische Bibelwissenschaftler gibt eine klare Antwort, die wissenschaftlich begründet und doch gut verständlich ist. Besonders wertvoll sind viele historische Hintergrundinformationen. Überlegungen zur Zuverlässigkeit der Evangelien-Überlieferung runden die Darstellung ab. Das Buch ist für alle Christen eine Verstehens- und Argumentationshilfe, die sich aus den Einzelinformationen der Evangelien ein Gesamtbild von Geschichte und Verkündigung Jesu machen wollen. Fotos, Landkarten und Diagramme erleichtern das Verstehen und stellen uns die Welt Jesu lebendig vor Augen.

Paulus – Das Leben und die Briefe des Apostels
128 Seiten. Mit Fotos und Karten. 3. Auflage

Für die Juden der Stadt Thessalonich war Paulus der Mann, der „auf dem ganzen Erdkreis Unruhe erregt". Wer war Paulus? Das Leben und Wirken des Apostels sind für das Verständnis des christlichen Glaubens von entscheidender Bedeutung. Seine Schriften bilden einen großen Teil des Neuen Testaments, und durch seine Missionsreisen wurde der christliche Glaube über die Grenzen des jüdischen Volkes hinaus in die Welt getragen.
Das vorliegende Buch schildert die Stationen seines Lebens und Wirkens. Dabei wird auch jeder seiner Briefe behandelt. Fotografien, Landkarten und Übersichten lassen das erste Jahrhundert vor unseren Augen lebendig werden.

Die frühchristlichen Gemeinden und ihre Leiter
Paulus – Petrus – Jakobus – Johannes
144 Seiten. Mit Fotos und Karten

Beim gründlichen Studium der Apostelgeschichte und der neutestamentlichen Briefe stellen sich Fragen, auf die John Drane leichtverständlich und mit großer Sachkenntnis eingeht. Z.B.: Was steckt hinter dem Konflikt zwischen Heiden- und Judenchristen? – Stand die Lehre des Paulus im Widerspruch zu Jesus? – Wer schrieb die Apostelgeschichte und die neutestamentlichen Briefe? – Wie lebten die frühchristlichen Gemeinden im Römischen Weltreich?
Auch dieses Buch zeichnet sich durch Treue zum Neuen Testament und durch Aktualität im Blick auf den gegenwärtigen Stand der Forschung aus.

BRUNNEN VERLAG GIESSEN UND BASEL